JN247397

【共通テスト】

英語
［リスニング］
ドリル

武藤 一也

東進ブックス

はじめに

　多くの生徒は，共通テストではリスニングがリーディングと同じ配点になるので重要とわかっていても，リスニング対策を後回しにしてしまったり，正しい対策ができていないようです。リーディングであれば，「文法を確認したり，文構造を確認したりしながら読み進める」というように何となく勉強法のイメージができますが，リスニングはなかなかそのイメージがつかめませんよね。共通テストのリスニング対策として「英語をたくさん聞く」という方法を挙げる生徒もいるのですが，「たくさん聞く」だけという勉強はあまり効果的ではありません。共通テストのリスニングに関しては，どのように聞くか，どのように問題にアプローチするかがとても大切になってきます。

　この本では，共通テストの試行調査問題とオリジナル問題を用いながら，共通テストのリスニング問題に対して正しい対策ができるようになっています。設問ごとのポイントや注意すべきポイントについてはもちろんのこと，解説では，正解の選択肢の見極め方，不正解の選択肢のひっかけポイントなど，受験生が躓きやすいところを丁寧に説明しています。特に，不正解の選択肢に関してはそのひっかけポイントを理解できると，出題者の意図がわかるようになってきます。そうすることで，不正解の選択肢を避け，正解を選べるようになります。単に，放送文の和訳と選択肢の和訳を見比べて，正解を選ぶだけではリスニングはできるようになりません。設問のポイント，正解の根拠，不正解のひっかけを学ぶことで高得点が狙えるようになります。ですので，1度解いて答え合わせをして終わりではなく，繰り返し復習をしてほしいと思います。復習の際は放送文を聞き，正しい発音で音読をするのがおススメです。英文は正しく音読できれば聞き取れるようになるので，リスニング力を伸ばすためには，音読の手本となる放送文を聞き，なるべくそれに近づけるように音読をしてください。

　また，この本は共通テストのリスニングで高得点を取ることを目的として作成していますが，それだけにとどまらず一生役に立つリスニングの土台にもなればと思っています。実際，英語でコミュニケーションをとる際は，自分の話をするだけではなく，相手の話を聞くリスニング力がとても大切です。「一生役立つリスニング力を身に付けるための勉強をしているんだ」そう思いながらこの本を使っていただけると，とても嬉しいです。

Good luck!

武藤一也

共通テストとは

　大学入学共通テストは，大学への入学を志願する人を対象に，高校レベルの学習の達成の程度を判定することを，主な目的としています。2020 年まで実施されていた「センター試験」と同様に，毎年 1 月に全国で一斉に行われ，

　①国公立大の一次試験として利用

　②私立大の募集方式の一部に利用

される予定です。

■センター試験からの主な変更点

　大学入学共通テスト（以下「共通テスト」）は，知識の理解の質を問う問題や，思考力，判断力，表現力などを発揮して解くことが求められます。

　大学入試センターは，「共通テスト」を利用する各大学に対し，該当大学の入学志願者の教科・科目の試験成績について，「科目別得点」に加えて新たに 9 段階の「段階表示」を提供する予定です。英語については，「リーディング」「リスニング」別に段階表示が行われます。

　英語においては，以下の 5 点が大きな変更点と言えるでしょう。

①「英語（筆記）」から「英語（リーディング）」に変更。

②「リーディング」の配点が 200 点から 100 点となり，「リスニング」の配点が 50 点から 100 点となる。つまり，配点が「4：1」だったものが「1：1」となる。[*]

③「リーディング」では，発音・アクセント・文法やイディオムの穴埋め・語句整序問題を単独で問う問題は出題されない。

④アメリカ英語に加えてイギリス英語を使用することもある。

⑤「リスニング」では英語の音声を 2 回流す問題と，1 回流す問題に分かれる。流す回数は以下の通り。

問題	第1問	第2問	第3問	第4問	第5問	第6問
流す回数	2回	2回	1回	1回	1回	1回

---

[*]　各大学の入学者選抜におけるリーディングとリスニングの成績の利用方法については，各大学の募集要項などで確認すること。例えば，リーディング：リスニングの点数を「3：1」や「4：1」で換算する予定の大学もあります。

■ 2021 年度 共通テストの出題教科・試験時間

教　科	グループ	出題科目	出題方法等	科目選択の方法等	試験時間(配点) (注1)
国　語		「国　語」	「国語総合」の内容を出題範囲とし、近代以降の文章、古典（古文、漢文）を出題する(注2)。		80分(200点)
地理歴史		「世界史A」 「世界史B」 「日本史A」 「日本史B」 「地　理A」 「地　理B」	「倫理、政治・経済」は、「倫理」と「政治・経済」を総合した出題範囲とする。	左記出題科目の10科目のうちから最大2科目を選択し、解答する。 　ただし、同一名称を含む科目の組合せで2科目を選択することはできない(注3)。 　なお、受験する科目数は出願時に申し出ること。	1科目選択 60分(100点) 2科目選択 130分(うち解答時間120分) (200点) (注4)
公　民		「現代社会」 「倫　理」 「政治・経済」 「倫理, 政治・経済」			
数　学	①	「数学Ⅰ」 「数学Ⅰ・数学A」	「数学Ⅰ・数学A」は、「数学Ⅰ」と「数学A」を総合した出題範囲とする。 　ただし、次に記す「数学A」の3項目の内容のうち、2項目以上を学習した者に対応した出題とし、問題を選択解答させる。 〔場合の数と確率, 整数の性質, 図形の性質〕	左記出題科目の2科目のうちから1科目を選択し、解答する。	70分(100点)
	②	「数学Ⅱ」 「数学Ⅱ・数学B」 「簿記・会計」※ 「情報関係基礎」※	「数学Ⅱ・数学B」は、「数学Ⅱ」と「数学B」を総合した出題範囲とする。 　ただし、次に記す「数学B」の3項目の内容のうち、2項目以上を学習した者に対応した出題とし、問題を選択解答させる。 〔数列, ベクトル, 確率分布と統計的な推測〕 　「簿記・会計」は、「簿記」及び「財務会計Ⅰ」を総合した出題範囲とし、「財務会計Ⅰ」については、株式会社の会計の基礎的事項を含め、「財務会計の基礎」を出題範囲とする。 　「情報関係基礎」は、専門教育を主とする農業、工業、商業、水産、家庭、看護、情報及び福祉の8教科に設定されている情報に関する基礎的科目を出題範囲とする。	左記出題科目の4科目のうちから1科目を選択し、解答する。 　ただし、※が付された科目の問題冊子の配付を希望する場合は、出願時に申し出ること。	60分(100点)
理　科	①	「物理基礎」 「化学基礎」 「生物基礎」 「地学基礎」		左記出題科目の8科目のうちから下記のいずれかの選択方法により科目を選択し、解答する。 A　理科①から2科目 B　理科②から1科目 C　理科①から2科目及び理科②から1科目 D　理科②から2科目 　なお、受験する科目の選択方法は出願時に申し出ること。	【理科①】 2科目選択 60分(100点) (注5)
	②	「物　理」 「化　学」 「生　物」 「地　学」			【理科②】 1科目選択 60分(100点) 2科目選択 130分(うち解答時間120分) (200点) (注4)
外国語		「英　語」 「ド イ ツ 語」※ 「フランス語」※ 「中　国　語」※ 「韓　国　語」※ (注6)	「英語」は、「コミュニケーション英語Ⅰ」に加えて「コミュニケーション英語Ⅱ」及び「英語表現Ⅰ」を出題範囲とし、【リーディング】と【リスニング】を出題する。 　なお、【リスニング】の問題音声が流れる回数は、1回読みのものと2回読みのもので構成する。	左記出題科目の5科目のうちから1科目を選択し、解答する。 　ただし、※が付された科目の問題冊子の配付を希望する場合は、出願時に申し出ること。	【英語】 【リーディング】 80分(100点) 【リスニング】 （「英語」のみ） 60分(うち解答時間30分) (100点) 「ドイツ語」「フランス語」「中国語」「韓国語」 【筆　記】 80分(200点)

(注1) 国語及び外国語（「英語」を除く。）は，各教科について1試験時間とし，地理歴史及び公民については，合わせて1試験時間とします。数学及び理科は，①及び②の出題科目のグループごとに，外国語「英語」は，リーディングとリスニングに試験時間を分けます。

(注2) 「国語」の出題分野別の配点は，「近代以降の文章（2問100点），古典（古文（1問50点），漢文（1問50点））」とします。
　なお，国語の出題分野のうち，大学が指定した分野のみを解答する場合でも，国語の試験時間は80分です。

(注3) 地理歴史及び公民の「科目選択の方法等」欄中の「同一名称を含む科目の組合せ」とは，「世界史A」と「世界史B」，「日本史A」と「日本史B」，「地理A」と「地理B」，「倫理」と「倫理，政治・経済」及び「政治・経済」と「倫理，政治・経済」の組合せを指します。

(注4) 「地理歴史，公民」及び「理科②」の試験時間において「2科目受験する」と登録した場合は，解答順に第1解答科目及び第2解答科目に区分し各60分間で解答を行いますが，第1解答科目及び第2解答科目の間に答案回収等を行うために必要な時間を加えた時間を試験時間とします。

(注5) 「理科①」については，1科目のみの受験は認めません。

(注6) 外国語において「英語」を選択する受験者は，原則として，リーディングとリスニングの双方を解答してください。リスニングは，音声問題を用い30分間で解答を行いますが，解答開始前に受験者に配付したICプレーヤーの作動確認・音量調節を受験者本人が行うために必要な時間を加え，試験時間は60分とします。
　なお，「英語」以外の外国語を受験した場合，リスニングを受験することはできません。

■ 2021年度 共通テストの試験日程

期　　日	出 題 教 科・科 目		試 験 時 間 (注1, 2)
令和3年 1月16日（土）及び 1月30日（土）	地理歴史 公　民	「世界史A」「世界史B」 「日本史A」「日本史B」 「地理A」「地理B」 「現代社会」「倫理」 「政治・経済」「倫理，政治・経済」	2科目受験 9:30〜11:40 (注3) 1科目受験 10:40〜11:40 (注3)
	国　　語	「国語」	13:00〜14:20
	外 国 語	「英語」「ドイツ語」「フランス語」 「中国語」「韓国語」	「英語」【リーディング】 「ドイツ語」「フランス語」「中国語」「韓国語」【筆記】 15:10〜16:30 「英語」【リスニング】 17:10〜18:10
1月17日（日）及び 1月31日（日）	理 科 ①	「物理基礎」「化学基礎」 「生物基礎」「地学基礎」	9:30〜10:30 (注4)
	数 学 ①	「数学I」「数学I・数学A」	11:20〜12:30
	数 学 ②	「数学II」「数学II・数学B」 「簿記・会計」「情報関係基礎」	13:50〜14:50
	理 科 ②	「物理」「化学」「生物」「地学」	2科目受験 15:40〜17:50 (注3) 1科目受験 16:50〜17:50 (注3)

(注1)　試験室への入室終了時刻については，受験票とともに送付する**受験上の注意**で明示します。

(注2)　試験開始時刻に遅刻した場合は，試験開始時刻後 20 分以内の遅刻に限り，受験を認めます。ただし，リスニングは，試験開始時刻（17:10）までに入室していない場合は受験することができません。

(注3)　「地理歴史，公民」及び「理科②」については，登録した科目数（1 科目又は 2 科目）によって試験開始時刻が異なります。「2 科目受験する」と登録した場合は，試験当日に 1 科目のみを受験する（1 科目だけ受験を取りやめる）ことはできません。このため，遅刻者の試験室への入室限度（「地理歴史，公民」は 9:50，「理科②」は 16:00）までに入室しないと，後半の第 2 解答科目を含めて，その試験時間は一切受験することができません。また，第 1 解答科目のみ受験し，途中退室することもできません。

　　　なお，第 1 解答科目と第 2 解答科目の間の 10 分間は，トイレ等で一時退室することはできません。

(注4)　「理科①」は試験時間 60 分で必ず 2 科目を選択解答してください。1 科目のみの受験は認めません。

■試行調査とセンター試験のデータ

　「共通テスト」実施に先駆け，2018 年 11 月に全国 1,453 校の高校・中等教育学校の高校生を対象に試行調査を行いました（本書では，「第 2 回」にその 2018 年の「試行調査」の問題を掲載しています）。英語の結果は以下の通りです。

科目	受験者数	配点	平均点
リーディング	12,990 人	100 点	51.25 点
リスニング	12,927 人	100 点	59.10 点

　2018 年の「試行調査」は平均得点率を 5 割程度と想定して実施されたため，実際に 1 月に実施する「共通テスト」は，センター試験より低い平均点になることも予想されます。以下は，過去 5 年間のセンター試験の平均点です。

科目		2020 年	2019 年	2018 年	2017 年	2016 年
リーディング	受験者数	518,401 人	537,663 人	546,712 人	540,029 人	529,688 人
	平均点（200 点満点）	116.31 点	123.30 点	123.75 点	123.73 点	112.43 点
リスニング	受験者数	512,007 人	531,245 人	540,388 人	532,627 人	522,950 人
	平均点（50 点満点）	28.78 点	31.42 点	22.67 点	28.11 点	30.81 点

「共通テスト本番レベル模試」のご案内

　参考書や問題集を解くことも大切ですが，「共通テスト」は始まったばかりの試験のため，過去問に乏しいのが難点です。「センター試験」の過去問を解くのも良いですが，各予備校の模擬試験を利用してみるのも 1 つの手段です。東進では「共通テスト」と同レベル・同形式の模擬試験を実施しています。

■共通テスト本番レベル模試の特長

① 2カ月ごとに，合格可能性とあと何点必要かを明らかにする連続模試
② 大学入学共通テスト（試行調査）と同じ出題形式・レベルの本番レベル模試
③ 試験実施から中5日で成績表をスピード返却

■対象：受験生・高2生・高1生

■試験会場：東進ハイスクール / 東進衛星予備校 / 早稲田塾 各校舎

　原則として会場厳正実施となりますが，自宅オンライン受験実施校舎では自宅オンライン受験も実施しております。但し「（自宅オンライン受験不可）」と記載されている校舎では自宅オンライン受験を受け付けておりません。ご注意ください。

■受験料：5,500 円（税込）

　2020 年 10 月時点での料金です。詳細は，東進のホームページをご確認ください。
https://www.toshin.com/exams/

■合格指導解説授業

　「共通テスト本番レベル模試」を受験した生徒は，合格指導解説授業（英・数・国）を無料で受講することができます。

　その他，詳細は，巻末にあります最寄りの校舎にお尋ねください。

本書の特徴

　本書は，2017 年と 2018 年に行われた「試行調査」2年分と，試行調査に沿った「模擬問題」1年分が収録されています。

　その3年分の問題を大問ごとにドリル形式に掲載し，9の Part に分けました。1 Part につき約8分〜取り組むことができるので，受験日まで残り時間が少ない受験生や，これから腕試しをしようとする高校1・2年生にもぴったりです。

本書の構成

Part	CEFR	内容	出典	小問
1	A 1 程度	短い発話の内容一致	2017 年試行調査　第1問Ａ	5問
			2018 年試行調査　第1問Ａ	4問
			オリジナル問題　第1問Ａ	4問
2	A 1～A 2 程度	発話とイラストの内容一致	2017 年試行調査　第1問Ｂ	4問
			2018 年試行調査　第1問Ｂ	3問
			オリジナル問題　第1問Ｂ	3問
3	A 1～A 2 程度	対話とイラストの内容一致	2017 年試行調査　第2問	5問
			2018 年試行調査　第2問	4問
			オリジナル問題　第2問	4問
4	A 1～A 2 程度	対話を聞いて質問に合う答えを選ぶ	2017 年試行調査　第3問	5問
			2018 年試行調査　第3問	4問
			オリジナル問題　第3問	4問
5	A 2～B 1 程度	グラフの穴埋めやイラストの並べ替え	2017 年試行調査　第4問Ａ	2問
			2018 年試行調査　第4問Ａ	2問
			オリジナル問題　第4問Ａ	2問
6	B 1 程度	複数の情報から条件に合う選択肢を選ぶ	2017 年試行調査　第4問Ｂ	1問
			2018 年試行調査　第4問Ｂ	1問
			オリジナル問題　第4問Ｂ	1問
7	B 1 程度	講義を聞いてワークシートを埋める	2017 年試行調査　第5問	4問
			2018 年試行調査　第5問	2問
			オリジナル問題　第5問	2問
8	B 1 程度	対話を聞いて要点を把握する	2017 年試行調査　第6問Ａ	2問
			2018 年試行調査　第6問Ａ	2問
			オリジナル問題　第6問Ａ	2問
9	B 1 程度	複数の意見を聞いて内容を把握する	2017 年試行調査　第6問Ｂ	2問
			2018 年試行調査　第6問Ｂ	2問
			オリジナル問題　第6問Ｂ	2問

本書の使い方

　まずは問題を，Part ごとに解いていきましょう。問題を解く際は，目標点を目安に解いてみましょう。目標点は，100 点満点で約 70 点になるように設定してあります。

　問題を解いたら，解答と解説をチェックしましょう。解説は，わかりやすくかつ簡潔に示しました。また，辞書を引かなくても良いように，Part 5 以降は「単語リスト」をつけておきました。単語リストに掲載されているのは，いずれも CEFR B 1 以上の単語＊になります。知らない単語があれば，すぐに覚えておきましょう。

　本書に掲載されている問題文は，音声ダウンロードまたはストリーミングで聞くことができます（出題範囲以外の音声はつきません）。詳細は p197，または「東進 WEB 書店」でご確認ください。

東進WEB書店

http://www.toshin.com/books/

※音声ダウンロード・ストリーミングの際は，以下のパスワードが必要になります。
password KTdrill_Listening2020

　同シリーズ『【共通テスト】英語〔リーディング〕ドリル』も併せて解くことをお勧めします。

＊　CEFR の基準は，『エースクラウン英和辞典』（三省堂）を参照しました。

目次

短い発話の
内容一致

CEFR：A1 程度

回	出典	問題の概要	放送文の語数※	小問	得点
第1回	2017 年 試行調査 第 1 問 A	身のまわりの事柄に関する短い発話を聞いて，情報を把握する。	75 words	5 問	/15
第2回	2018 年 試行調査 第 1 問 A	身のまわりの事柄に関する短い発話を聞いて，情報を把握する。	63 words	4 問	/12
第3回	オリジナル 問題	身のまわりの事柄に関する短い発話を聞いて，情報を把握する。	62 words	4 問	/12

※問題文の語数は含まない。

第1問 （配点 15） CEFR：A1 程度

A 　　問1から問5までの5問です。それぞれの問いについて，聞こえてくる英文の内容に最も近い意味の英文を，四つの選択肢（①〜④）のうちから一つずつ選びなさい。**2回流します。**

問1　　□ 1 □

① I called the police.
② I have the bike key.
③ The police found the key.
④ The police lost the key.

問2　　□ 2 □

① She is asking for the menu.
② She is cooking in the kitchen.
③ She is serving some dishes.
④ She is taking their order.

問 3 　 3

① He did better on the science exam.

② He got poor scores on both tests.

③ He scored worse on the math exam.

④ He studied enough for the tests.

問 4 　 4

① She is sorry we can't see the view.

② She regrets having missed the view.

③ She should have enjoyed the view.

④ She suggests that we enjoy the view.

問 5 　 5

① He is asking her for a manual.

② He is asking her for some help.

③ He is asking her to help an Italian.

④ He is asking her to write in Italian.

〔 2017年試行調査 〕

第1回

第1問 A

問題番号	問 1	問 2	問 3	問 4	問 5
解答欄	1	2	3	4	5
正解	③	④	②	④	②
配点	3	3	3	3	3

問 1 1 正解 ③

M ： The police just called and told me they have the bike key I lost.

男性: 警察はちょうど今私に電話をしてきて，私がなくした自転車の鍵を持っていると言った。

① I called the police.　　　　　私が警察を呼んだ。
② I have the bike key.　　　　　私は自転車の鍵を持っている。
③ The police found the key.　　警察が鍵を見つけた。
④ The police lost the key.　　　警察が鍵をなくした。

　放送文にはtold meとあり，「誰が」私に「何を」伝えたかを聞き取るのがポイント。toldの主語はThe policeでtold meの後ろにはthey have the bike key I lost「彼らは私がなくした自転車の鍵を持っている」と続いている。このtheyもThe policeを指しているので，警察が私のなくした自転車の鍵を持っているということである。このhave the bike keyをfound the keyと言い換えた③が正解である。

問 2 2 正解 ④

W ： Here are your menus. Today's specials are beef and chicken. Can I get you something to drink first?

女性: こちらがメニューでございます。本日のおすすめは牛肉と鶏肉です。まず何かお飲み物をお持ちしましょうか？

① She is asking for the menu.　　　彼女はメニューをくれるよう頼んでいる。
② She is cooking in the kitchen.　　彼女は台所で料理をしている。
③ She is serving some dishes.　　　彼女は料理を出している。
④ She is taking their order.　　　　彼女は彼らの注文を取っている。

　Here are your menus.「こちらがメニューでございます。」やToday's specials are ～「本日のおすすめは～」，Can I get you ～ ?「～をお持ちしましょうか?」から，女性が注文を取っている状況とわかり，これをtaking their order「彼らの注文を取っている」と述べた④が正解である。他の選択肢にもmenu / cooking / dishesと，料理に関する単語が用いられているが間違えないようにしよう。

問3 　3　　正解 ②

M ： Tom didn't do well on the math exam and did even worse on the science one.

男性：トムは数学のテストで良い点を取ることができず，理科のテストの点はさらに悪かった。

① He did better on the science exam. 　　彼は理科のテストでより良い点を取った。
② He got poor scores on both tests. 　　彼は両方のテストで悪い点を取った。
③ He scored worse on the math exam. 　　彼は数学のテストでより悪い点を取った。
④ He studied enough for the tests. 　　彼はテストに向けて十分に勉強した。

　"didn't do well on ～ even worse on …"「～で良くできなく…ではさらに悪かった」という流れを聞き取ることがポイント。onの後にはそれぞれthe math exam, the science oneと続いている。このoneはexam「試験」のことである。この2つのテストをboth tests, didn't do wellやworseをpoor scores「悪い点」と言い換えた②が正解である。

問4 　4　　正解 ④

W ： Don't miss the colored leaves along the river in the fall.

女性：秋の川沿いの紅葉を見逃さないようにね。

① She is sorry we can't see the view. 　　私たちがその景色を見られないことを彼女は残念に思っている。
② She regrets having missed the view. 　　彼女はその景色を見逃したことを後悔している。
③ She should have enjoyed the view. 　　彼女はその景色を楽しむべきだった。
④ She suggests that we enjoy the view. 　　彼女は私たちにその景色を楽しむように勧める。

　放送文の"miss"は「（機会など）を逃す」という意味で，"Don't miss ～"で「～を逃さないで」という意味になる。missの後ろではthe colored leaves「紅葉」と述べられているので，女性は紅葉を必ず見るように伝えている。このDon't missを suggests that we enjoy ～「～を楽しむように勧める」，the colored leavesをthe view「眺め」と言い換えている④が正解である。

問5 　5　　正解 ②

M： Mrs. Rossi, I was wondering if you could help me read this manual written in Italian.

男性：ロッシさん，イタリア語で書かれたこの説明書を読むのを手伝っていただけませんか。

① He is asking her for a manual. 　　彼は彼女に説明書をくれるよう頼んでいる。
② He is asking her for some help. 　　彼は彼女に助けを求めている。
③ He is asking her to help an Italian. 　　彼は彼女にイタリア人を助けるように頼んでいる。
④ He is asking her to write in Italian. 　　彼は彼女にイタリア語で書くように頼んでいる。

　　"I wonder if you could ～" は「～していただけますか」という依頼の表現。could の後には help me read this manual written in Italian と続いているので，説明書を読んでくれるように頼んでいる状況だとわかる。この状況を asking her for some help「彼女に助けを求めている」と表した②が正解である。他の選択肢にも放送文の単語が用いられているが，だまされないようによく聞こう。

第1問 (配点 12)　CEFR：A1 程度

Ａ　問1から問4までの4問です。それぞれの問いについて，聞こえてくる英文の内容に最も近い意味の英文を，四つの選択肢（①～④）のうちから一つずつ選びなさい。2回流します。

問1　| 1 |

① The speaker does not want anything.

② The speaker wants both tea and cookies.

③ The speaker wants cookies.

④ The speaker wants tea.

問2　| 2 |

① The speaker cannot go to the party.

② The speaker does not have work tomorrow.

③ The speaker has another party to go to.

④ The speaker's birthday is tomorrow.

〔 2018年試行調査 〕

問 3 　3

① Junko got wet in the rain.
② Junko had an umbrella.
③ Junko ran to school in the rain.
④ Junko stayed at home.

問 4 　4

① The speaker is an English teacher.
② The speaker must study a lot.
③ The speaker needs to study outside of Japan.
④ The speaker teaches English abroad.

解答・解説

第2回

第1問 Ａ

問題番号	問 1	問 2	問 3	問 4
解答欄	1	2	3	4
正解	④	①	①	②
配点	3	3	3	3

問1 1 正解 ④

M : I've had enough cookies, thanks. Some more tea would be nice.

男性: クッキーは十分いただきました，ありがとう。もう少し紅茶がいただければ嬉しいです。

① The speaker does not want anything. 話し手は何も欲しくない。
② The speaker wants both tea and cookies. 話し手は紅茶とクッキーの両方が欲しい。
③ The speaker wants cookies. 話し手はクッキーが欲しい。
④ The speaker wants tea. 話し手は紅茶が欲しい。

"have had enough 〜" で「〜は十分いただいた」つまり「おなかいっぱい」ということ。発言の1文目のI've had enough cookies「クッキーは十分いただきました」から，男性はもうクッキーはいらないということがわかる。続けて，Some more tea would be nice「もう少し紅茶をいただければ嬉しい」とあるので，男性は紅茶を欲しがっているとわかる。そのため，"〜 would be nice"「〜だと嬉しい」をwants「〜が欲しい」と言い換えた④が正解。英文が放送される前に，選択肢に目を通し，tea「紅茶」とcookies「クッキー」のどちらか一方が欲しい，もしくは両方欲しい，またはどちらもいらないという内容を把握し，聞き取るべきポイントを絞ろう。

問2 2 正解 ①

W : I'd love to go to your birthday party tomorrow, but I have a lot of work to do.

女性: 明日あなたの誕生日会に行きたいのですが，やらなければならない仕事がたくさんあるんです。

① The speaker cannot go to the party. 話し手はパーティに行くことができない。
② The speaker does not have work tomorrow. 話し手は明日仕事がない。
③ The speaker has another party to go to. 話し手には行くパーティが他にある。
④ The speaker's birthday is tomorrow. 話し手の誕生日は明日だ。

"I'd love to 〜, but"「〜したいが（できない）」という流れを聞き取ることがポイント。大事なのはbut以下のI have a lot of work to do「やらなければならない仕事がたくさんある」で，これは女性がgo to your birthday party tomorrow「明日あなたの誕生日会に行く」ことができない理由である。したがって，①が正解。今回の英文では，直接的に「行けない」と述べているわけではないが，「行きたいが，仕事がある」と述べることでパーティへの参加を断っている。このように，発言の流れから発言者の意図をくみ取ることが大切である。

問3　3　正解 ①

M ： It started raining after school. Since Junko had no umbrella, she ran home in the rain.

男性：放課後，雨が降り出した。ジュンコは傘を持っていなかったので，雨の中家へ走った。

① Junko got wet in the rain.　　　ジュンコは雨で濡れた。
② Junko had an umbrella.　　　　ジュンコは傘を持っていた。
③ Junko ran to school in the rain.　ジュンコは雨の中，学校へ走った。
④ Junko stayed at home.　　　　　ジュンコは家にいた。

　　Since Junko had no umbrella「ジュンコは傘を持っていなかったので」の "Since
〜" は「〜なので」という理由を表す表現である。傘がないと述べた後で，she ran
home in the rain「彼女は雨の中家へ走った」と述べられていることから，ジュンコ
は雨に濡れたとわかる。それを got wet in the rain「雨で濡れた」と表現した①が正
解。今回のように状況から判断し，正しい答えを選ぶことも大切である。③は ran to
school ではなく ran home「家へ走った」なら正解。この home は副詞なので home の
前に前置詞は不要である。

問4　4　正解 ②

W ： To become an English teacher, I won't have to study abroad, but I will have to study hard.

女性：英語教師になるためには，留学する必要はないが，一生懸命勉強しなければならないだろう。

① The speaker is an English teacher.　　話し手は英語教師だ。
② The speaker must study a lot.　　　　話し手はたくさん勉強しなければならない。
③ The speaker needs to study outside of Japan.　話し手は日本の外で勉強する必要がある。
④ The speaker teaches English abroad.　話し手は海外で英語を教えている。

　　but 以下の I will have to study hard「私は一生懸命勉強しなければならないだろ
う」を must study a lot「たくさん勉強しなければならない」に言い換えた②が正解。
①The speaker is an English teacher「話し手は英語教師だ」は，放送文の To
become an English teacher「英語の教師になるためには」と矛盾している。
　　③は放送文の study abroad「留学する」を study outside of Japan「日本の外で勉
強する」と言い換えたものだが，放送文では won't have to study abroad「留学する
必要はない」と述べられているため不正解。④The speaker teaches English abroad
「話し手は海外で英語を教えている」は，teach / English / abroad といった放送文の
単語や関連単語を用いたひっかけである。

第3回

◀))) 音声 No.**1a-03**

🎯 目標得点 **9**／12点

📄 解答ページ **P.023**

✏ 学習日 ／

第3回 第1問 A

第1問 （配点 12）CEFR：A1 程度

A 　問**1**から問**4**までの**4**問です。それぞれの問いについて，聞こえてくる英文の内容に最も近い意味のものを，四つの選択肢 **①〜④** のうちから一つずつ選びなさい。**2回流します。**

問 1 　| 1 |

　① The speaker knows something about Andrew.

　② The speaker does not want to meet Andrew.

　③ The speaker can hear Andrew.

　④ The speaker wants to speak to Andrew.

問 2 　| 2 |

　① The speaker already has tickets.

　② The speaker cannot go to the concert.

　③ The speaker can pay for the tickets.

　④ The speaker does not want the tickets.

問 3　　3

① The speaker could not return to her house.
② The speaker likes the snow.
③ The speaker was bored of the party.
④ The speaker was worried about her house.

問 4　　4

① The speaker is in school.
② The speaker plans to be an actor.
③ The speaker thinks he is creative.
④ The speaker wants to make movies.

解答・解説

第3回

第1問 Ⓐ

問題番号	問1	問2	問3	問4
解答欄	1	2	3	4
正解	①	②	④	④
配点	3	3	3	3

問1 ┌1┐ 正解 ①

W : Although I've never met Andrew, I've heard a lot about him.

女性: 私はアンドリューには会ったことはありませんが，彼についてはよく聞いています。

① The speaker knows something about Andrew.
　話し手はアンドリューについて何かを知っている。
② The speaker does not want to meet Andrew.
　話し手はアンドリューに会いたくないと思っている。
③ The speaker can hear Andrew.
　話し手にはアンドリューの言うことが聞こえる。
④ The speaker wants to speak to Andrew.
　話し手はアンドリューと話したいと思っている。

　"although"「～だが」がある英文では，主節の内容（この文ではI've heard a lot about him）が，話し手が最も伝えたいことなのでそこを聞き逃さないようにしよう。放送文の主節I've heard a lot about himのhimはAndrewを指しており，I've heard about him「彼について聞いている」をknows something about Andrew「アンドリューについて何かを知っている」と言い換えた①が正解である。③のhear Andrewは「アンドリューの声（言うこと）が聞こえる」という意味になるので，hear about AndrewとhearAndrewの区別はしっかりつけよう。

問2 ┌2┐ 正解 ②

M : I'd love to buy a concert ticket, but I don't have enough money.

男性: コンサートのチケットを買いたいですが，十分なお金を持っていません。

① The speaker already has tickets.　　話し手はすでにチケットを持っている。
② The speaker cannot go to the concert.　話し手はコンサートに行けない。
③ The speaker can pay for the tickets.　話し手はチケットの料金を支払える。
④ The speaker does not want the tickets.　話し手はチケットを欲しいと思っていない。

　"I'd love to ～ , but…"「～したいが，…だ」という流れを聞き取ることがポイント。大事なのはbut以降で，ここではI don't have enough money「十分なお金を持っていません」と述べられていることから，コンサートのチケットが買えないとわかる。この状況をcannot go to the concert「コンサートに行けない」と言い換えた②が正

解である。英文が放送される前に選択肢に目を通し，tickets / concert / pay という単語から，コンサートのチケットに関する英文が放送されると予想しよう。

問3　3　正解 ④

W ： It started snowing in the middle of the party. Since I had left my window open, I drove home right away.

女性：パーティの最中で雪が降り始めました。窓を開けっぱなしにしていたので，私はすぐに車で家に向かいました。

① The speaker could not return to her house.　話し手は家に戻ることができなかった。
② The speaker likes the snow.　話し手は雪が好きである。
③ The speaker was bored of the party.　話し手はパーティに飽きていた。
④ The speaker was worried about her house.　話し手は家のことが心配だった。

　放送文の1文目に「パーティの最中で雪が降り始めた」とあり，2文目の後半に「すぐに車で家に向かった」とある。ポイントはその理由を聞き取ることである。2文目の冒頭の "Since" は「〜なので」と理由を表し，I had left my window open「窓を開けっぱなしにしていた」と続く。had left は過去完了形なので，窓を開けっぱなしにしていたのは，雪が降り始める前からだとわかる。つまり，話し手が家に帰ったのは「雪が家の中に入らないか心配になった」からだと推測でき，そのことを was worried about her house「家のことが心配だった」と表現した④が正解である。

問4　4　正解 ④

M ： To become a film director I won't have to study art in school, but I will have to be creative.

男性：映画監督になるために学校で芸術を学ぶ必要はありませんが，創造力豊かでなければなりません。

① The speaker is in school.　話し手は学校にいる。
② The speaker plans to be an actor.　話し手は俳優になるつもりである。
③ The speaker thinks he is creative.　話し手は自分が創造性豊かだと考えている。
④ The speaker wants to make movies.　話し手は映画を制作したいと考えている。

　放送文の To become a film director I won't have to 〜, but I will have to…「映画監督になるために，私は〜する必要はないが，…しなければならない」という流れから，話し手は映画監督になりたいとわかる。この内容を The speaker wants to make movies「話し手は映画を制作したいと考えている」と言い換えた④が正解。選択肢の①や③では放送文で用いられた in school や creative が用いられ，②では映画に関連した actor「俳優」という単語が用いられているが，これらに惑わされて不正解の選択肢を選ばないようにしよう。

Part

2

発話とイラストの
内容一致

CEFR：A1 ～ A2 程度

回	出典	問題の概要	放送文の語数※	小問	得点
第1回	2017 年 試行調査 第 1 問 B	身のまわりの事柄に関する短い発話を聞いて，それに対応するイラストを選び，発話内容の概要や要点を把握する。	32 words	4 問	/12
第2回	2018 年 試行調査 第 1 問 B	身のまわりの事柄に関する短い発話を聞いて，それに対応するイラストを選び，発話内容の概要や要点を把握する。	41 words	3 問	/12
第3回	オリジナル 問題	身のまわりの事柄に関する短い発話を聞いて，それに対応するイラストを選び，発話内容の概要や要点を把握する。	42 words	3 問	/12

※問題文の語数は含まない。

第1問 （配点 12） CEFR：A1 〜 A2 程度

B 　問1から問4までの4問です。それぞれの問いについて，聞こえてくる英文の内容に最も近い絵を，四つの選択肢（①〜④）のうちから一つずつ選びなさい。**2回流します。**

問1

①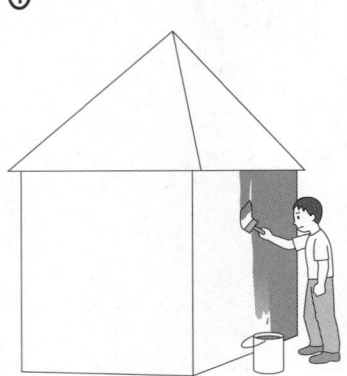

②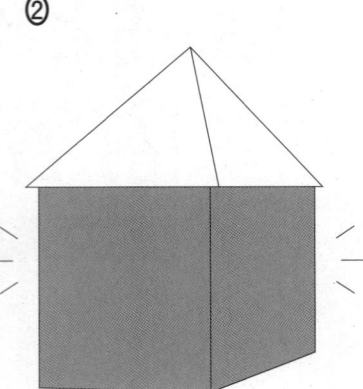

③

④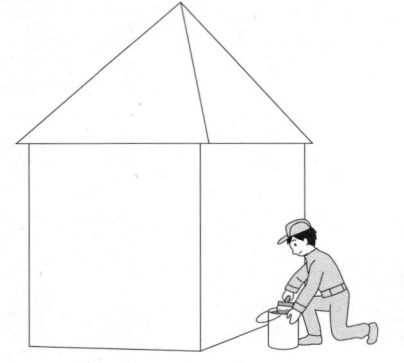

問 2 ⬚2

①

②

③

④

〔 2017年試行調査 〕

①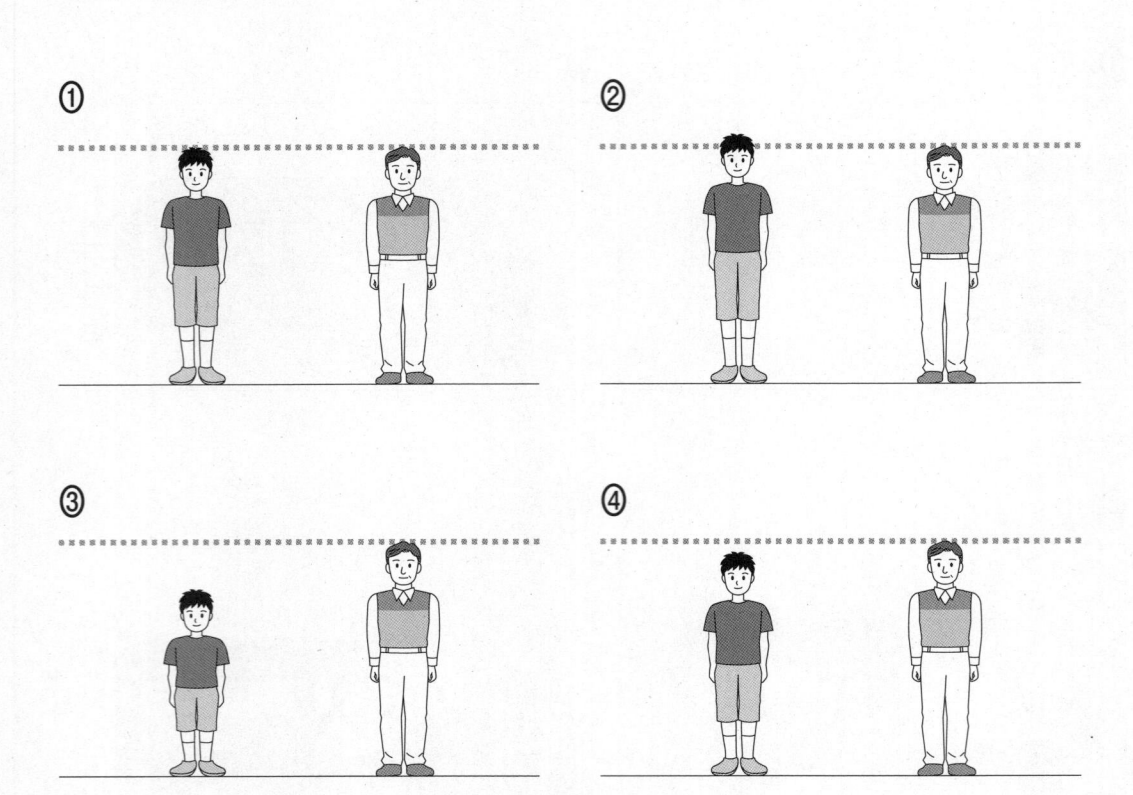

②

③

④

問 4　　4

①

②

③

④

第1問 B

問題番号	問 1	問 2	問 3	問 4
解答欄	1	2	3	4
正解	③	①	④	④
配点	3	3	3	3

問 1　1　正解 ③

放送文

W : The man is going to have his house painted.

女性：男性は彼の家を塗装してもらおうとしている。

解説

"have O done" は「Oを～してもらう」という意味。放送文にはis going to have his house painted「彼の家を塗装してもらおうとしている」とある。The manが主語だが，男性は家を「（誰かに）塗ってもらう」ので，女性が家を塗ろうとしているそばで男性が立っている③が正解。

問 2　2　正解 ①

放送文

M : The woman has just missed the bus.

男性：女性はちょうどバスに乗り遅れたところだ。

解説

"miss" は「（乗り物）に乗り遅れる」という意味で，今回は現在完了形でhas just missed「ちょうど乗り遅れた」とある。よって，女性がバスを追っている①が正解。missには「（人）を恋しく思う」「（機会）を逃す」などの意味があるので注意しよう。

問 3　[3]　正解 ④

W ：The boy is almost as tall as his father.
女性: 少年はあと少しで彼の父親と同じ背の高さだ。

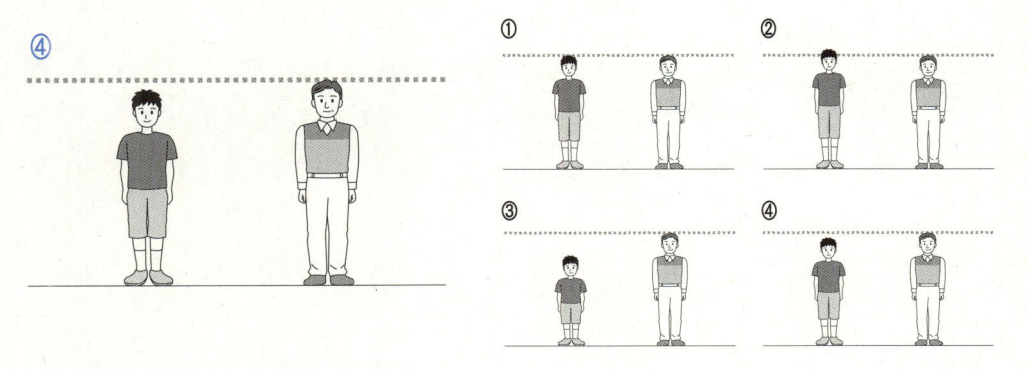

　“as 〜 as” は 2 つのものが同じ程度であることを表す表現。放送文の The boy と as tall as his father から少年と父親が同じくらいの高さであることがわかるが，almost「あと少しで」と述べられているので，少年が少しだけ低いことがわかる④を選ぼう。

問 4　[4]　正解 ④

M ：Jane knew it wouldn't be cold today.
男性: ジェーンは，今日寒くならないと知っていた。

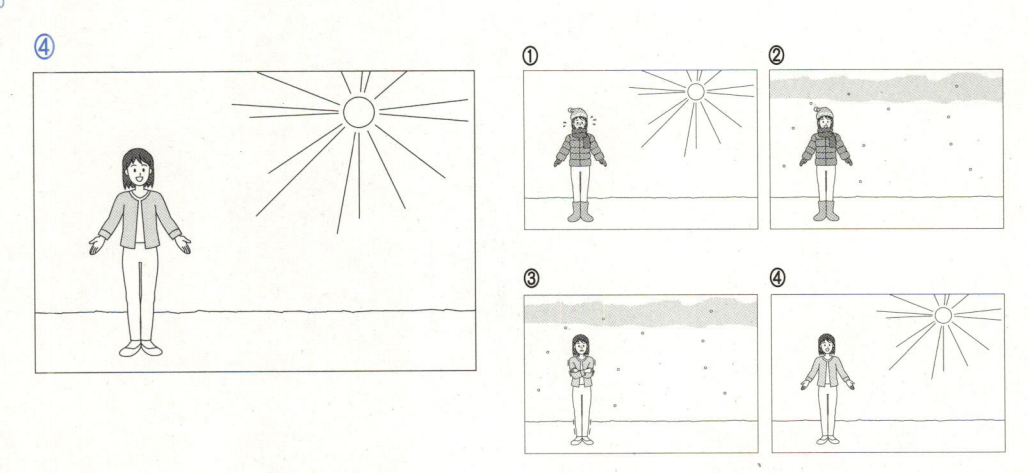

　Jane knew の内容を聞き取った上で，それが何を意味するかを考えよう。放送文には wouldn't be cold「寒くならない」ことをジェーンが知っていたとある。したがって，天気を予想して寒さの対策をしていない④が正解である。

第1問　（配点　12）　CEFR：A1 〜 A2 程度

B　問1から問3までの3問です。それぞれの問いについて，聞こえてくる英文の内容に最も近い絵を，四つの選択肢 (①〜④) のうちから一つずつ選びなさい。**2回流します。**

問1　　1

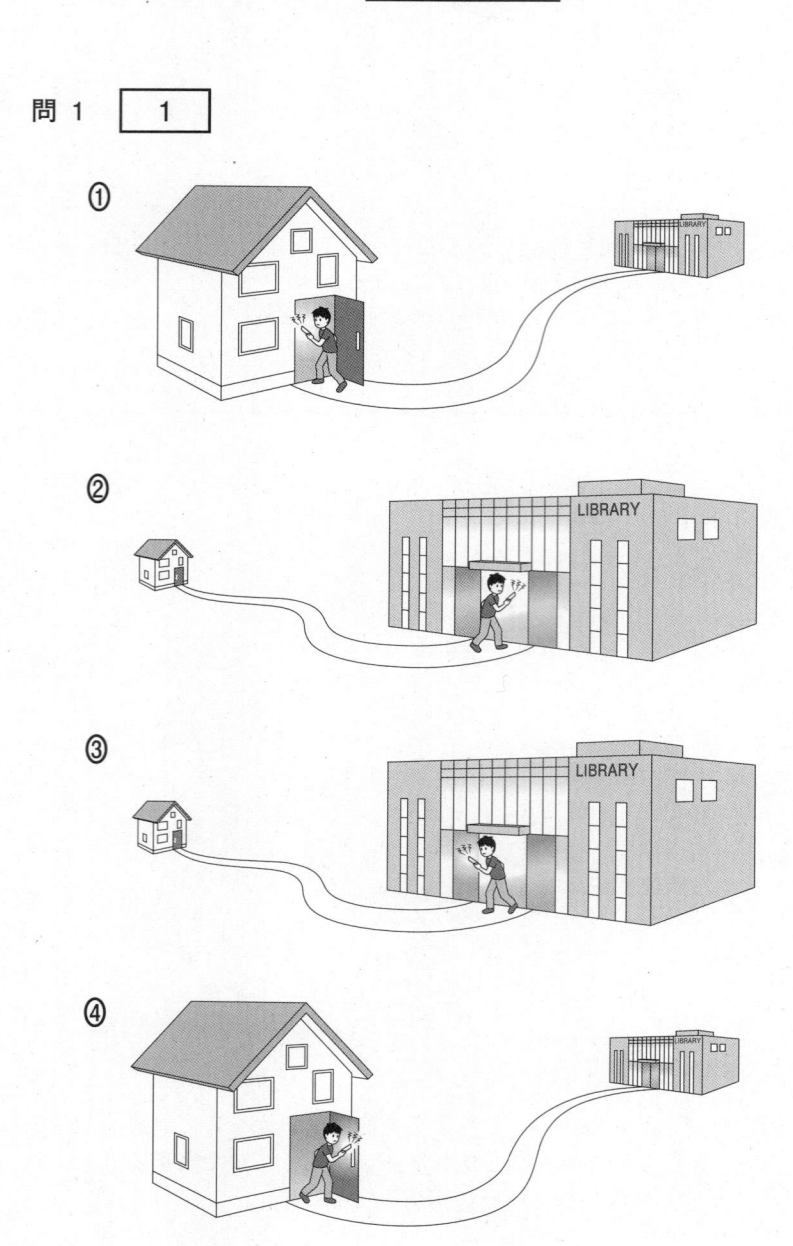

問 2　　2

①　　　　　　　　　　　　②

③　　　　　　　　　　　　④

問 3　　3

①　　　　　　　　　　　　②

③　　　　　　　　　　　　④

〔 2018年試行調査 〕

第2回

第1問 B

問題番号	問 1	問 2	問 3
解答欄	1	2	3
正解	①	④	③
配点	4	4	4

問 1　　1　　正解 ①

 放送文

W ： He got a phone call from Joe as soon as he arrived home from the library.

女性：彼が図書館から家に帰ってすぐに，ジョーから電話があった。

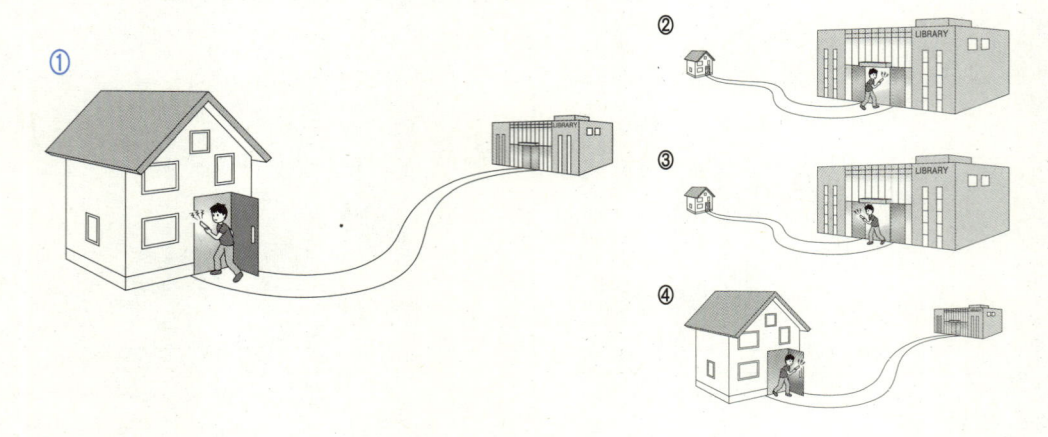

解説　　イラスト問題は英文が放送される前に共通点と差異をおさえることが大切。事前に選択肢に目を通すことができれば，この問題は「家に着くか・家を出るか」，「図書館に着くか・図書館を出るか」を聞き取ることが重要だとわかる。放送文では he arrived home from the library「彼が図書館から家に帰った」とあるので，家に着いた様子を表す①が正解である。He got a phone call「電話があった」はすべての絵で共通の描写なので，それ以外の違う部分をしっかり聞き取ろう。

問 2　　2　　正解 ④

 放送文

M ： Right now, she's too busy to go to the lake and fish.

男性：今は，彼女は忙しすぎて湖へ行って釣りをすることができない。

④

解説

　イラストに目を通すと，①②の絵では「釣りをしているのかどうか」，③④の絵では釣りのことを考えながら「デスクでリラックスしているのか・仕事をしているのか」という違いがある。放送文には she's <u>too</u> busy <u>to</u> go to the lake and fish とあり，"too ～ to …" は「～すぎて…できない」という意味なので，読み上げられた英文は「彼女は忙しすぎて湖へ行って釣りをすることができない」という意味になる。したがって，正解は，女性が仕事をしている④である。

問3　　3　　正解 ③

放送文

W ：When the boy entered the classroom, the teacher had already started the lesson.

女性：少年が教室に入ったとき，先生はすでに授業を始めていた。

③

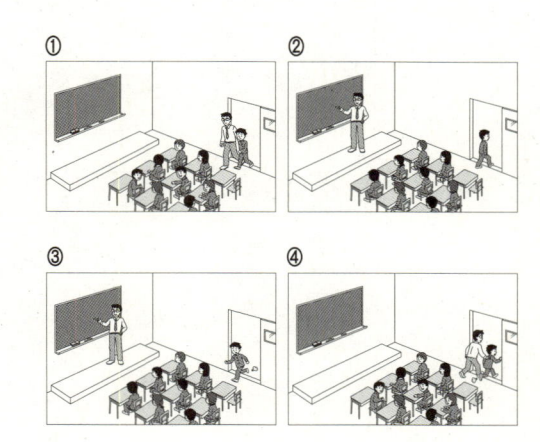

解説

　まず放送文の前半に the boy entered とあるので，選択肢は男の子が教室に入ってくる様子を表す①か③に絞られる。次に the boy <u>entered</u> と the teacher <u>had already started</u> の時制の違いを聞き取る。"had *done*" は過去よりも前のことの「大過去」を表すので，先生がすでに授業を始めている③が正解である。もし正解が②や④なら left the classroom などという表現が使われるはずだが，そのような表現がないので選択肢を絞り込みやすい。

第1問 （配点 12）CEFR：A1 ～ A2 程度

B 問1から問3までの3問です。それぞれの問いについて，聞こえてくる英文の内容に最も近い絵を，四つの選択肢 **（①～④）** のうちから一つずつ選びなさい。**2回流します。**

問1 　1

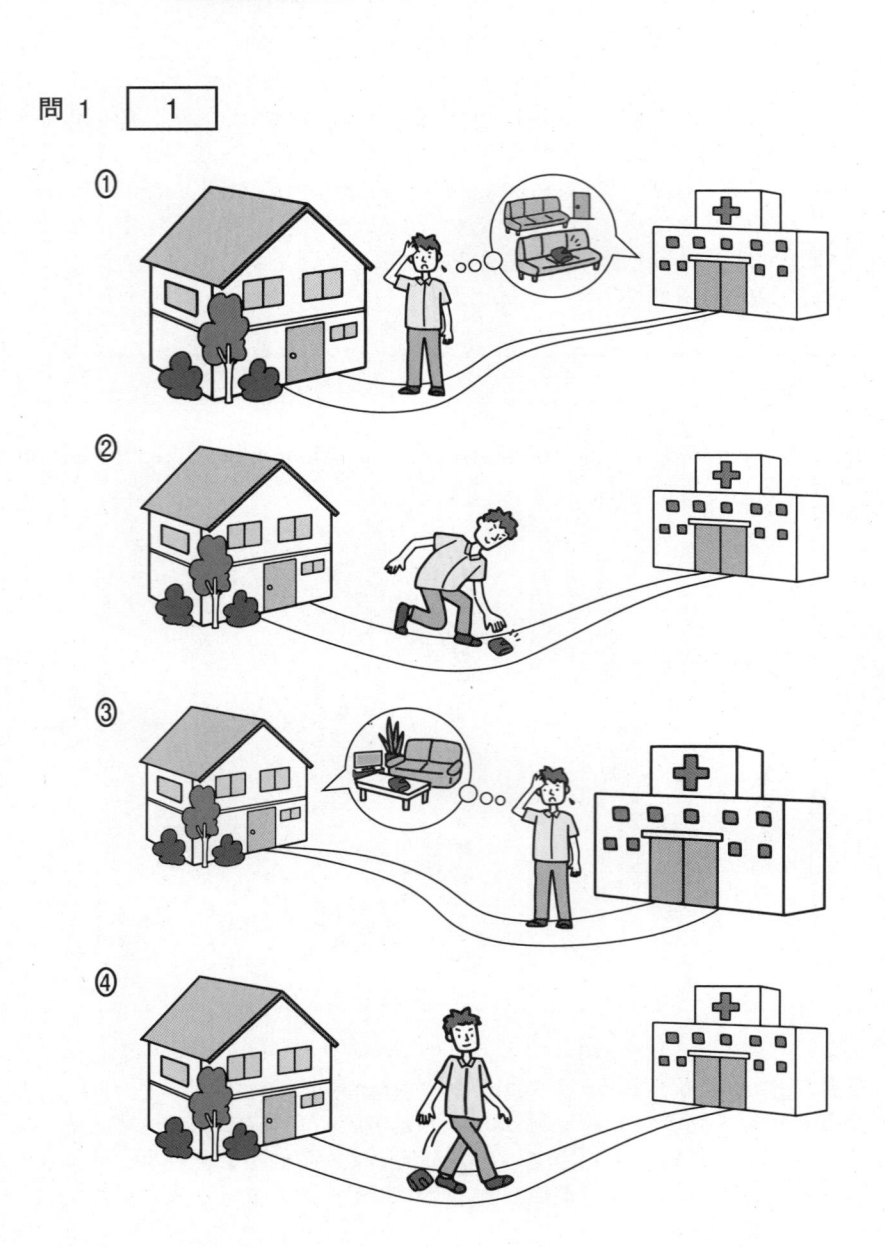

問 2 　2

① ② ③ ④

問 3 　3

① ② ③ ④

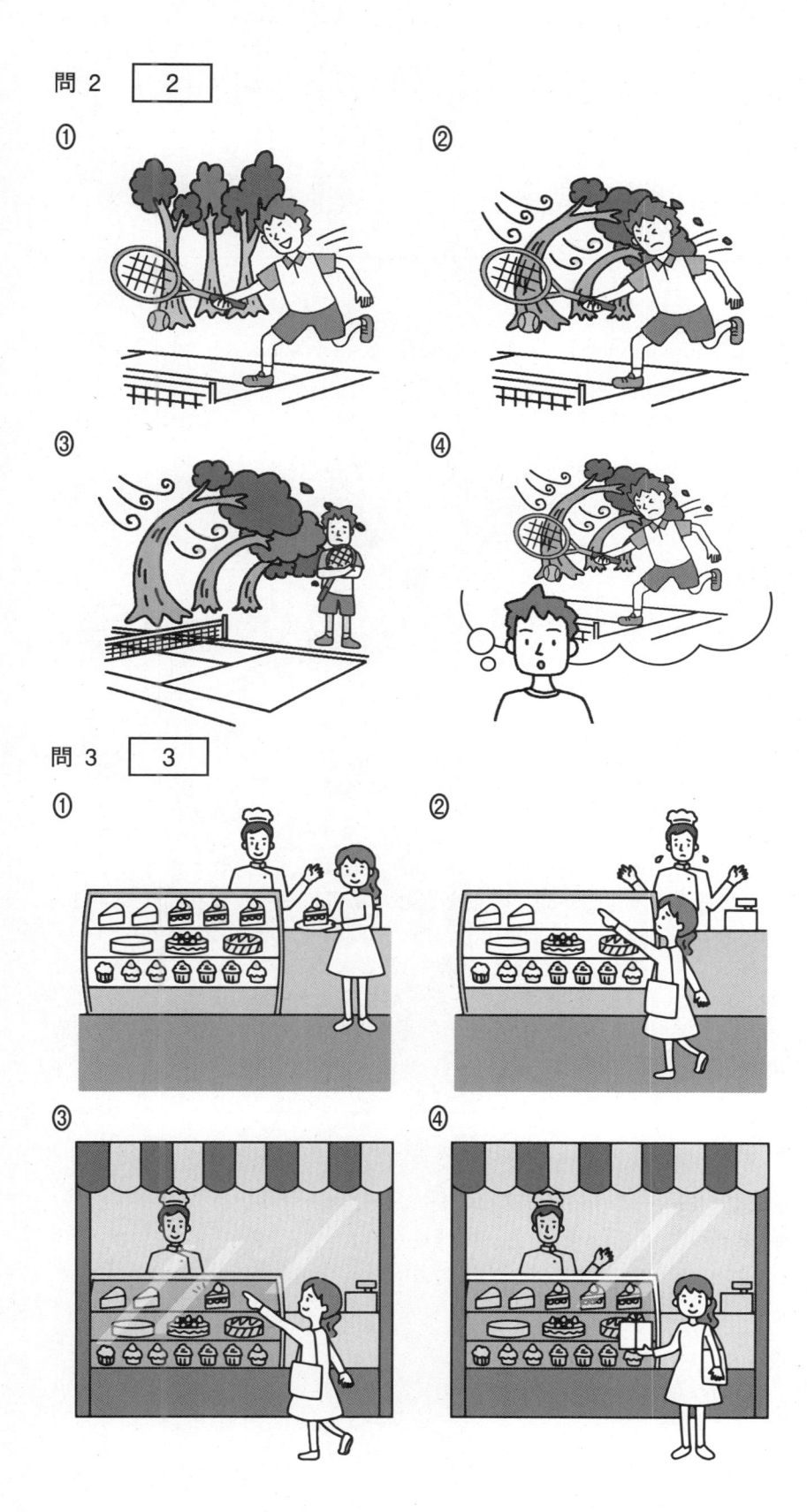

〔 オリジナル問題 〕

第3回

第1問 B

問題番号	問 1	問 2	問 3
解答欄	1	2	3
正解	①	③	②
配点	4	4	4

問1 1 正解 ①

放送文

W : He realized that he had left his wallet at the hospital as soon as he arrived home.

女性: 彼は家に到着してすぐに病院に財布を忘れてきたことに気が付きました。

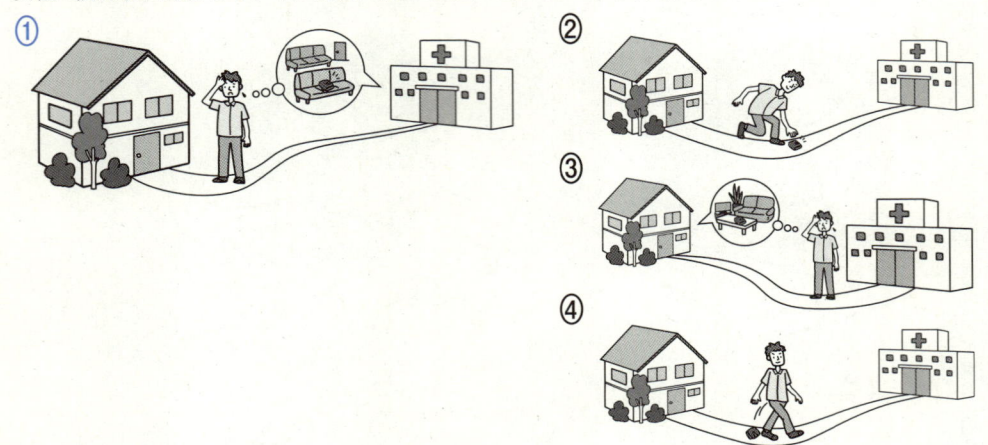

解説

　放送文のHe realized that he had left his wallet「彼は財布を忘れてきたことに気が付きました」から，正解は①か③。財布を忘れた場所に関してはhe had left his wallet <u>at the hospital</u>とあるので，正解は①。また，放送文のas soon as he arrived home「家に到着してすぐに」からも確実に①が正解とわかる。イラストの問題では，事前に選択肢に目を通して聞くべきポイントを予想することも大切。今回であれば，男性が財布を「忘れた」，「落とした」，「拾った」のは，家か道中か病院かを聞き取れば良いと予想できる。

問2 2 正解 ③

放送文

M : Right now, it's too windy for him to play tennis.

男性: 今，風が強すぎて彼はテニスをすることができません。

解説

　"too ～ to…" は「～すぎて…できない」という意味の表現。too windy for him to play tennisで「風が強すぎて彼はテニスをすることができない」という意味になる。したがって正解は，風が強く，男の子がテニスをしていない状況を表している③が正解である。放送文には"cannot"「～できない」といった表現はないが，"too ～ to…"の部分をしっかり聞き取って正解を導こう。また，事前にイラストに目を通すことで，男の子がテニスをしているのか，していないかの2パターンだとわかるので，選択肢が絞りやすくなる。

問3　　3　　正解 ②

放送文

W : When the girl entered the cake shop, her favorite type of cake was sold out.

女性: 少女がケーキ屋に入ったとき，彼女の好きな種類のケーキは売り切れていました。

解説

　放送文の後半にある "be sold out" は「売り切れる」という意味なので，her favorite type of cake was sold outは「彼女の好きな種類のケーキは売り切れていた」という意味である。したがって，少女がケーキ棚の空になった部分を指し，店員が悲しそうな顔をしている②が正解。ケーキを手に入れた①や④，また，目当てのケーキを見つけた③は不適切である。この問題もイラストを先に確認することで，少女がケーキを手に入れることができたか否かを聞き分ければ良いと予想できる。

MEMO

対話とイラストの内容一致

CEFR：A1 〜 A2程度

回	出典	問題の概要	放送文の語数※	小問	得点
第1回	2017年 試行調査 第2問	身のまわりの事柄に関する短い対話を, 場面の情報とイラストを参考にしながら聞き取り, 必要な情報を把握する。	177 words	5 問	/15
第2回	2018年 試行調査 第2問	身のまわりの事柄に関する短い対話を, 場面の情報とイラストを参考にしながら聞き取り, 必要な情報を把握する。	150 words	4 問	/12
第3回	オリジナル 問題	身のまわりの事柄に関する短い対話を, 場面の情報とイラストを参考にしながら聞き取り, 必要な情報を把握する。	187 words	4 問	/12

※問題文の語数は含まない。

第2問 （配点　15）CEFR：A1 ～ A2 程度

問1から問5までの5問です。それぞれの問いについて，対話の場面が日本語で書かれています。対話とそれについての問いを聞き，その答えとして最も適切なものを，四つの選択肢（①～④）のうちから一つずつ選びなさい。**2回流します。**

問1　友達同士で買い物の話をしています。　　1

問2　観光中の二人が，高いタワーを見て話をしています。　2

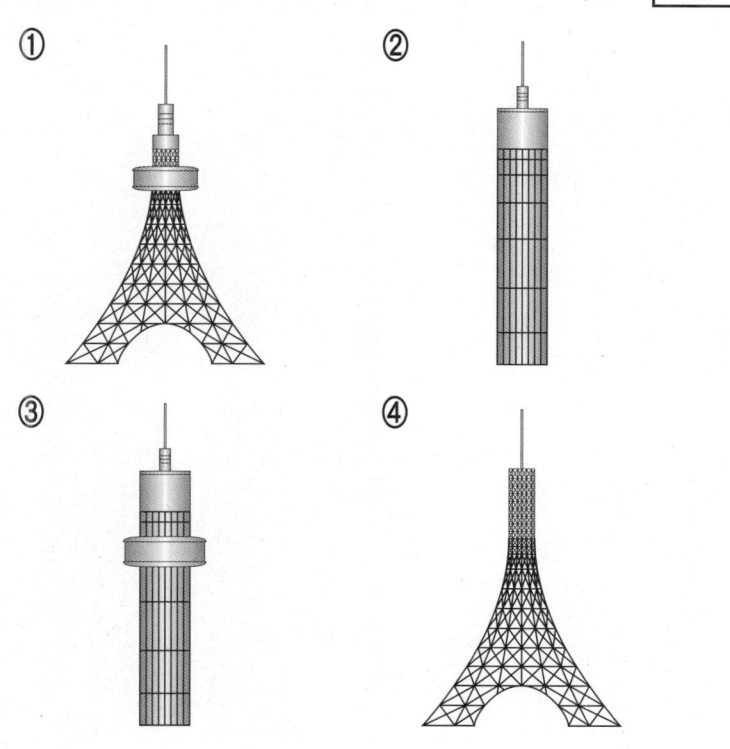

① ② ③ ④

問3　男子大学生がアルバイトの面接を受けています。　3

① ② ③ ④

〔 2017年試行調査 〕

問4　ケガをした患者と医者が話をしています。　4

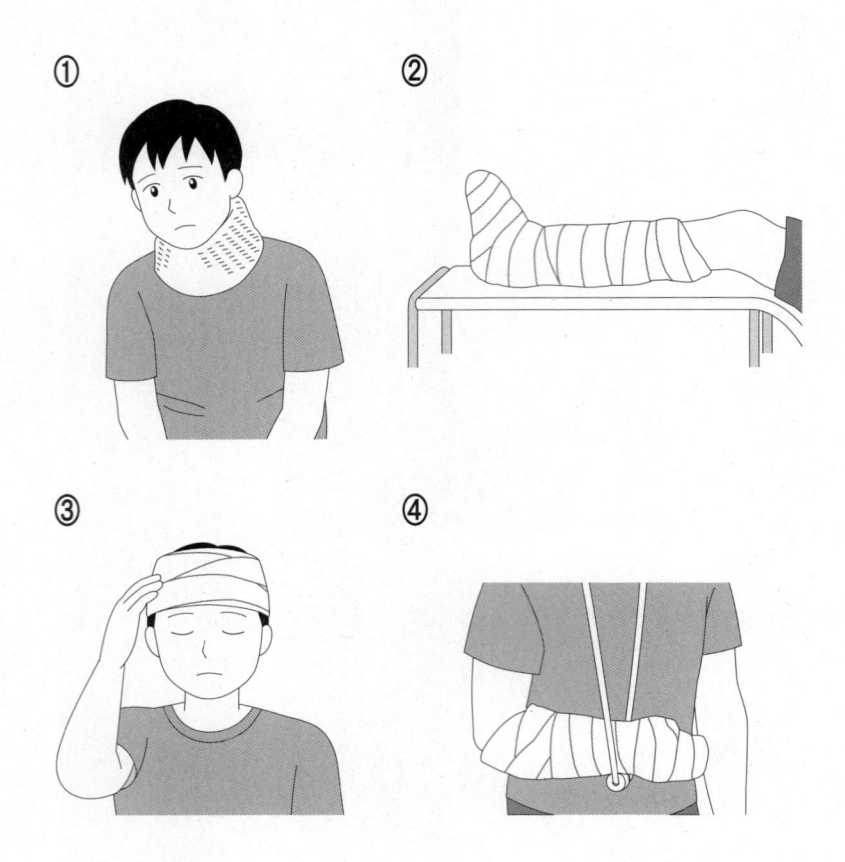

問5　買い物客がショッピングモールの案内所で尋ねています。　| 5 |

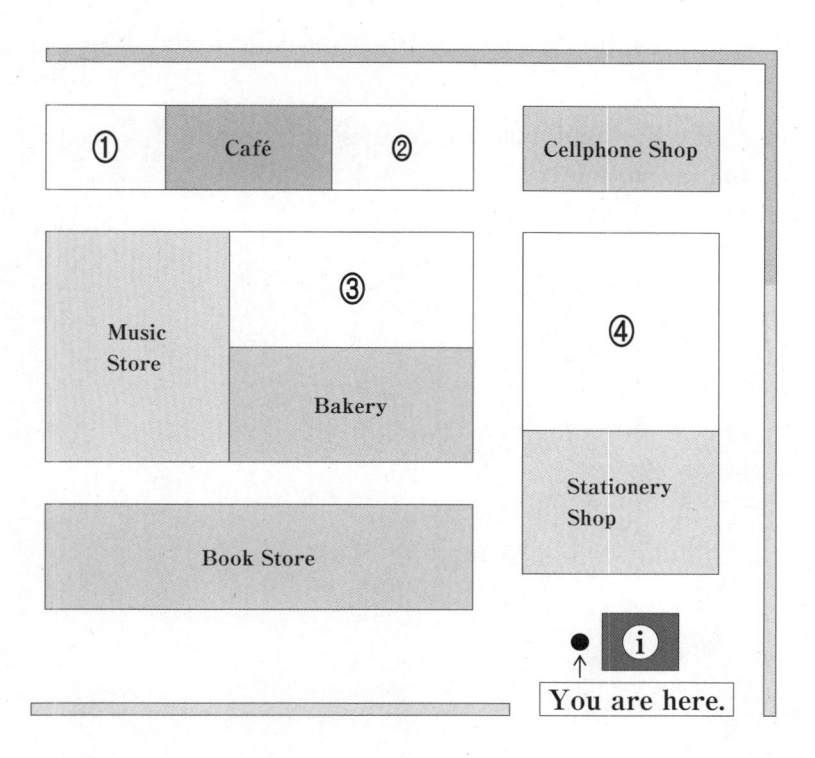

第1回

第2問

問題番号	問1	問2	問3	問4	問5
解答欄	1	2	3	4	5
正解	③	①	②	④	②
配点	3	3	3	3	3

問1　1　正解 ③

W₁ : What did you buy?
M₁ : I looked at some jeans and shirts but got these in the end.
W₂ : Nice! Do you like running?
M₂ : Not really, but the design looked cool.

女性₁：　何を買ったの？
男性₁：　ジーンズとシャツをいくつか見たんだけど，結局これを買ったよ。
女性₂：　素敵ね！　ランニングが好きなの？
男性₂：　そうでもないんだけど，デザインがかっこ良く見えたんだ。

What did the boy buy?
少年は何を買ったか？

①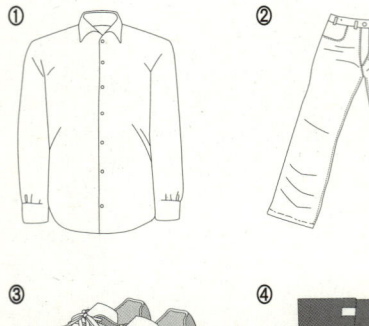

②

③

③

④

　英文は2度放送されるので，1度目の放送で話の流れを把握し，2度目の放送で確実に正解を選ぼう。問いは，男性が何を買ったのかを聞いている。問題のポイントは，男性の最初の発言の got these in the end「結局これを買ったよ」の these が何を指しているのかである。女性は続く発言で Nice! とコメントし Do you like running?「ランニングが好きなの？」と聞いている。したがって，男性が買ったものはランニングに関係しているとわかるので，答えはランニングシューズの③である。男性は最初の発言でジーンズやシャツに言及しているが，それらは looked at，つまり見ただけの商品なので不正解である。

問2 [2] 正解 ①

M₁ : Look at that tower! It has such a pointed top!
W₁ : And I like the wide base.
M₂ : What's the disk-shaped part near the top?
W₂ : It's probably a restaurant.

男性₁ : あのタワーを見て！ 先端がとてもとがっているよ！
女性₁ : それに，私はあの幅広い土台が好きだわ。
男性₂ : てっぺん近くの円盤状の部分は何？
女性₂ : たぶんレストランね。

What does the tower look like?
そのタワーはどのように見えるか？

① 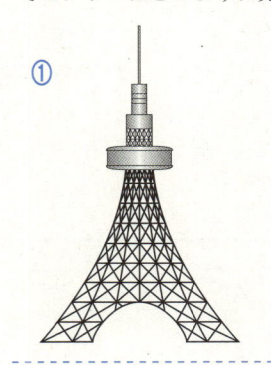　② 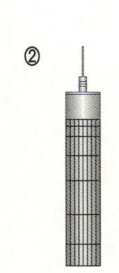　③ 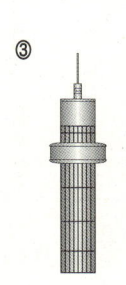　④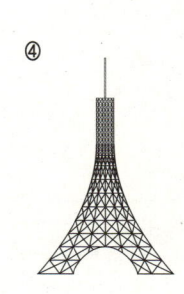

　会話をしている人たちが見ているタワーを選ぶ問題。選択肢を事前に確認し，それぞれのタワーの特徴をおさえよう。①④は末広がりで，②③は筒状。①③には円盤がついている。このことから，聞き取るべきは，タワーの形状と円盤の有無とわかる。男性の最初の発言でa pointed top「とがった先端」と言っている。イラストのタワーはどれもとがっているので，ここで選択肢を消すことはできない。次の女性の発言でthe wide base「幅広い土台」とあるので，ここでタワーは①か④のどちらかに絞られる。続く男性の2回目の発言に，the disk-shaped part near the top「てっぺん近くの円盤状の部分」とあるので，①が正解だとわかる。

問3 [3] 正解 ②

W₁ : Next, can you tell me about your work experience?
M₁ : I've worked as a waiter in a café.
W₂ : But you said you wanted to cook?
M₂ : Yes, I'd like to try it.

女性₁ : 次に，あなたの職歴について教えてくれますか？
男性₁ : 私はカフェでウエイターとして働いていたことがあります。
女性₂ : ですが，あなたは調理をしたいと言っていましたよね？
男性₂ : はい，やってみたいと思っています。

What job does the man want?
男性が望む仕事は何か？

②

 解説

　　アルバイトの面接のやりとりを聞いて，男性が望む仕事を答える問題。ポイントは男性の最後の発言 I'd like to try it「やってみたいと思っています」の it が指すものを聞き取ることである。この発言は直前の女性の質問 you said you wanted to cook? に対する発言なので，it は to cook を指す。したがって正解は料理人のイラストの②である。

問 4　　4　　正解 ④

 放送文

M₁ : How long do I have to wear this?
W₁ : At least six weeks.
M₂ : How will I take notes in class, then?
W₂ : You'll have to talk to your teacher about that.

訳… 放送文

男性₁ ：　どのくらいの間，私はこれを身につけていなければならないのでしょうか？
女性₁ ：　少なくとも 6 週間ですね。
男性₂ ：　それでは，私はどうやって授業でノートを取ればいいのでしょう？
女性₂ ：　そのことについてあなたの先生に話してみなければならないでしょうね。

Which picture shows the patient's condition?
患者の状態を表している絵はどれか？

④

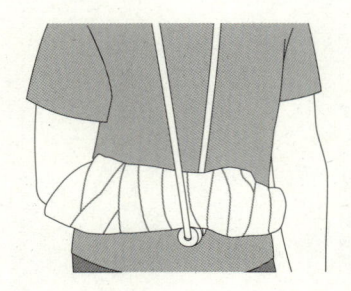

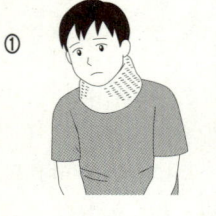
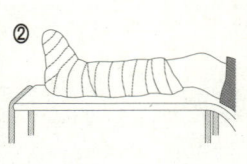

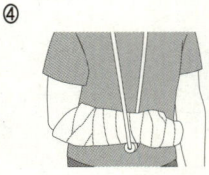

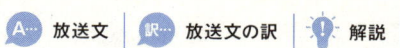

 解説

　　患者のケガの状態を表している絵を選ぶ問題。男性は2回目の発言でHow will I take notes「どうやってノートを取ればいいのでしょう」と聞いているため，患者は手をケガしているとわかる。したがって正解は④である。

問5　[5]　正解②

第1回　第2問

 A… 放送文

M₁ : I'm looking for a smartphone case.
W₁ : Try the cellphone shop.
M₂ : I did, but I couldn't find any.
W₂ : You could try the shop across from the cellphone shop, next to the café.

 訳… 放送文

男性₁： スマートフォンケースを探しているのですが。
女性₁： 携帯電話ショップに行ってみてください。
男性₂： 行きましたが，何も見つけられませんでした。
女性₂： 携帯電話ショップの向かいにある，カフェの隣の店に行ってみてください。

Where will the customer most likely go next?
次に客が最も行きそうな場所はどこか？

②

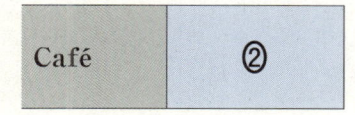

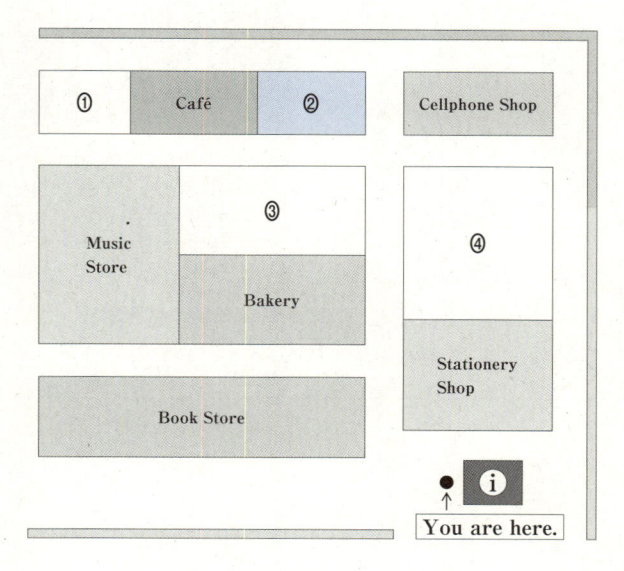

 解説

　　スマートフォンケースを探している男性が，次にどこに行くかを答える問題。男性の対応をしている女性は最後にthe shop across from the cellphone shop, next to the café「携帯電話ショップの向かいにある，カフェの隣の店」を探すように促しているので，正解は②である。

第2問 （配点 12） CEFR：A1 ～ A2 程度

問1から問4までの4問です。それぞれの問いについて，対話の場面が日本語で書かれています。対話とそれについての問いを聞き，その答えとして最も適切なものを，四つの選択肢 （①〜④） のうちから一つずつ選びなさい。**2回流します。**

問1 居間でクリスマスツリーの置き場所について話をしています。 ☐ 1

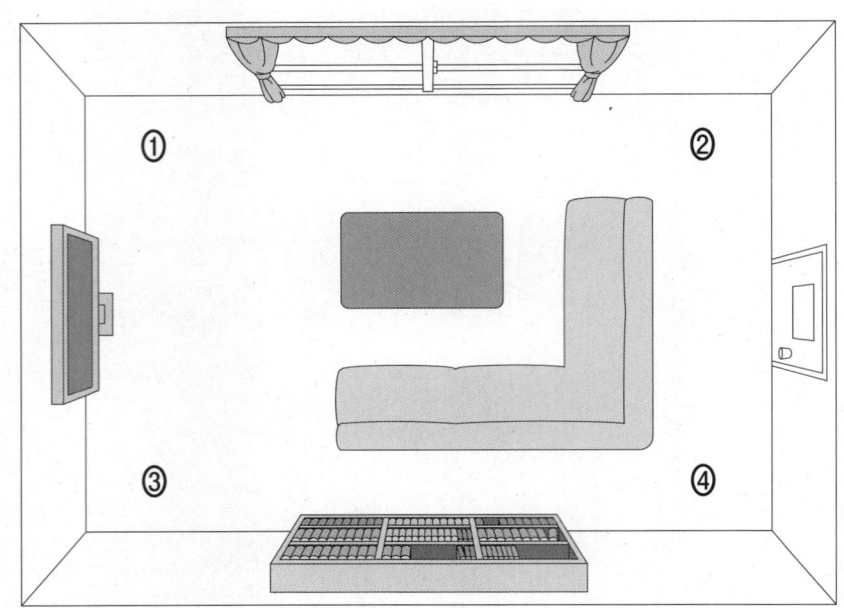

問2 来週の天気について話をしています。 2

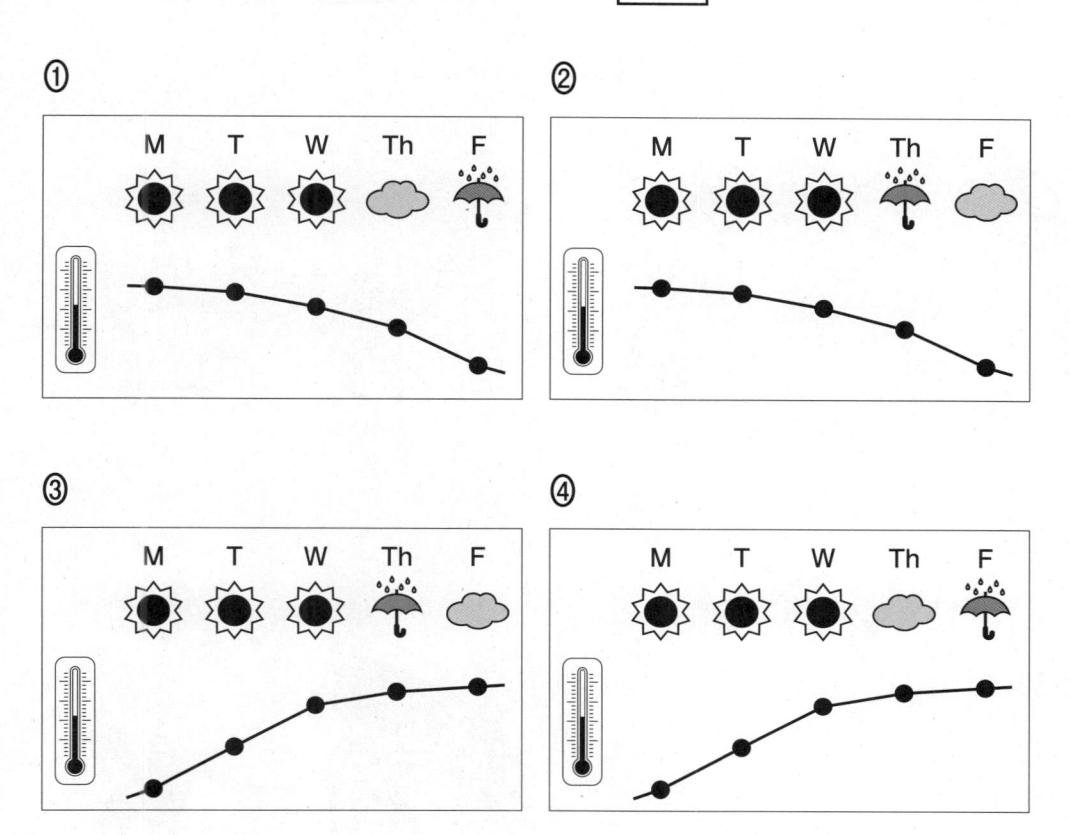

① ② ③ ④

第2回

第2問

問3　動物園で見てきた動物について話をしています。　3

問4　遊園地で乗り物の話をしています。　4

①

②

③

④

第2回

第2問

問題番号	問 1	問 2	問 3	問 4
解答欄	1	2	3	4
正解	②	③	④	③
配点	3	3	3	3

問 1　　1　　正解 ②

M₁ : How about there, near the bookshelf?
W₁ : I'd prefer it by the window.
M₂ : OK. Right here, then?
W₂ : No, that's too close to the TV. I think the other corner would be better.

男性₁ ： あそこ，本棚の近くはどうかな？
女性₁ ： 私は窓のそばが良いわ。
男性₂ ： わかった。それならちょうどここだね？
女性₂ ： いいえ，それではテレビに近すぎるわ。反対の角の方がいいと思う。

Where does the woman want to put the Christmas tree?
女性はどこにクリスマスツリーを置きたがっているか？

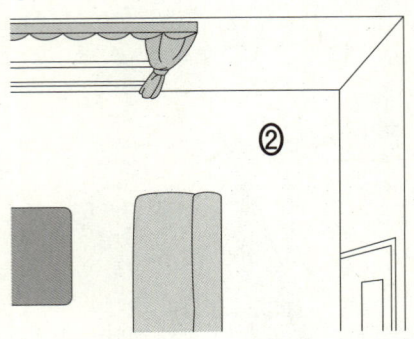

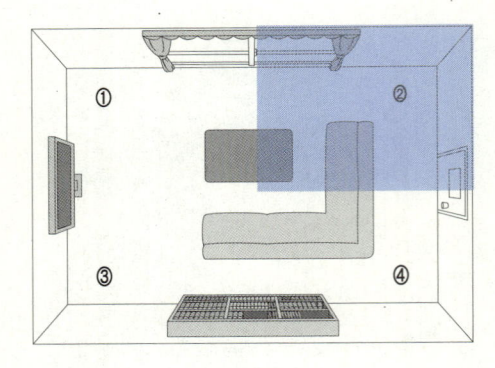

　　英文は2度放送されるので，1度目の放送で話の流れを把握し，2度目の放送で確実に正解を選ぼう。問いは女性がクリスマスツリーを置きたいと思っている場所を聞いている。女性の1回目の発言のby the window「窓のそば」という提案に対して，男性がOK「わかった」と同意しているので正解の選択肢は①か②に絞られる。その後，Right here, then?「それならちょうどここだね？」と男性が置き場所を確認すると，女性はtoo close to the TV「テレビに近すぎる」と反対している。続く女性の発言のthe other cornerは「別の（反対の）角」という意味なので，女性がクリスマスツリーを置きたいと思っている場所は，窓の近くでテレビから離れた②となる。

問 2　2　正解 ③

W₁ : Will it be warm next week?
M₁ : It should be cold at first, then get warmer.
W₂ : I heard it'll be sunny, though, right?
M₂ : Yes, except for rain on Thursday and clouds on Friday.

女性₁： 来週は暖かくなるの？
男性₁： はじめは寒くて，それから暖かくなるはずだよ。
女性₂： 私は晴れるって聞いたけど，どう？
男性₂： うん，木曜日が雨なのと金曜日が曇りなのを除いてね。

Which is the correct weather forecast?
正しい天気予報はどれか？

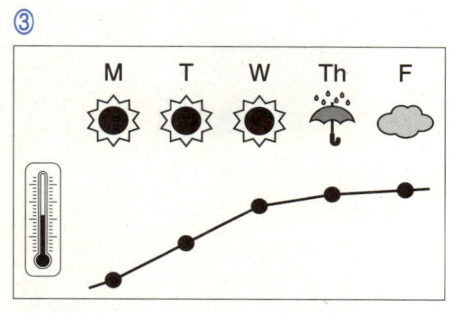

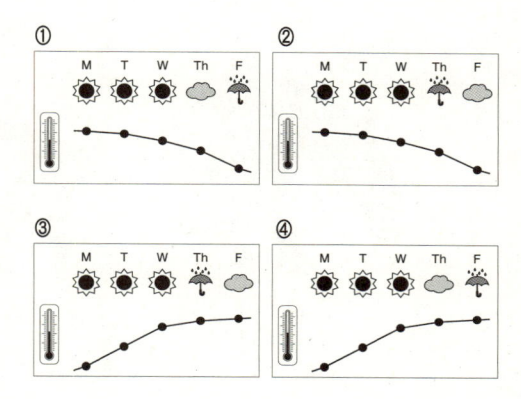

　来週の天気予報として正しいものを選ぶ問題。選択肢のイラストは，どれも月曜日から水曜日までは晴れで共通しているが，木曜日と金曜日は曇りや雨でイラストごとに異なる。したがって，木曜日と金曜日の天気に注意することが大切。また気温については，気温が週末に向けて下がる（①②）か，上がる（③④）かのどちらかだとわかる。男性の最初の発言で be cold at first, then get warmer「はじめは寒くて，それから暖かくなる」とあるので，選択肢は気温が徐々に上がっている③か④に絞られる。さらに，最後の男性の発言の except for rain on Thursday and clouds on Friday から，木曜日が雨で金曜日が曇りの③が正解だとわかる。英文が放送される前にイラストの共通点と差異を見ておくと，聞くべき情報がわかって正答率が上がるはずである。

問3 ___3___ 正解 ④

M₁ : What was the name of the animal with the small ears?
W₁ : The one with the long tail?
M₂ : No, the short-tailed one.
W₂ : Oh yeah, with the long nose.

男性₁ : あの耳の小さい動物の名前は何だった？
女性₁ : 長いしっぽの動物？
男性₂ : いや，しっぽが短いやつだよ。
女性₂ : あぁ，鼻が長い動物ね。

Which animal are the speakers talking about?
話し手たちはどの動物について話しているか？

　　どの動物のことを話しているのかを答える問題である。この問題は，動物の特徴を順に聞き取ることがポイントである。男性は最初の発言で，the animal with the small ears「耳の小さい動物」と述べているので，耳が大きい①が選択肢から消える。また，女性は最初の発言でThe one with the long tail?「長いしっぽの動物？」と質問しているが，それに対し男性はNo, the short-tailed one「いや，しっぽが短いやつだよ」と答えているので，しっぽが長い③が選択肢から消える。最後に女性がwith the long nose「鼻が長い動物ね」と答えているので，④が正解となる。ちなみに，会話中のoneはすべてanimalを指している。今回のように条件によってイラストを絞り込む場合には，聞きながら選択肢を消していく消去法も有効である。

問4 ___4___ 正解 ③

W₁ : This place is famous for its roller coaster!
M₁ : Oh ... no, I don't like fast rides.
W₂ : Well then, let's try this!
M₂ : Actually, I'm afraid of heights, too.

女性₁： ここはジェットコースターで有名なのよ！
男性₁： わぁ…いや，僕は速い乗り物が好きじゃないんだ。
女性₂： それなら，これを試してみましょう！
男性₂： 実は，高いところも怖いんだ。

Which is the best ride for the man to try?
男性が試すのに最も適した乗り物はどれか？

③
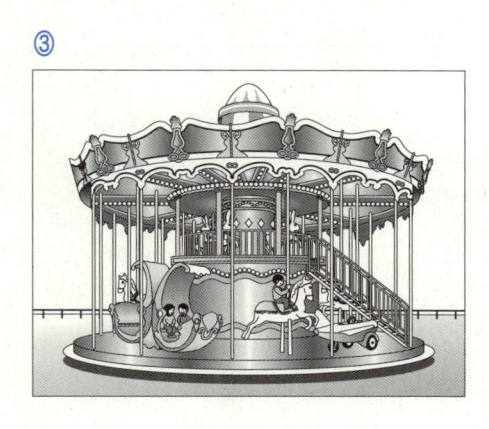

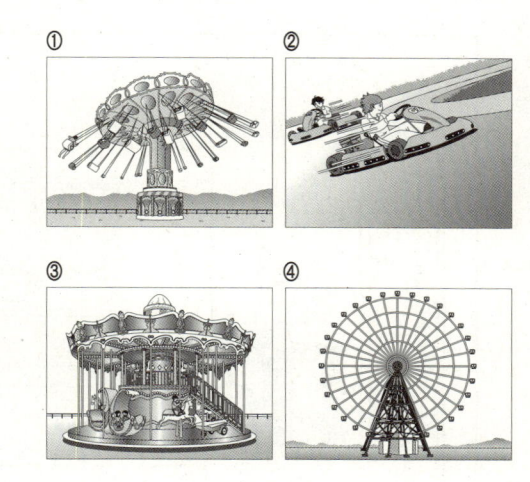

　　男性が乗れそうなアトラクションを選ぶ問題。まず，男性の発言に注意すると，I don't like fast rides「僕は速い乗り物が好きじゃないんだ」とあるので，明らかにスピードが出ていることがわかる②や，恐らく①も選択肢から消すことができる。また，最後の男性のI'm afraid of heights, too「高いところも怖いんだ」という発言から，高さがある①と④が選択肢から除外できる。したがって消去法で③が正解だとわかる。今回の問題では男性が乗れるアトラクションの名前を明確に挙げているわけではないが，情報を的確に聞き取りながら可能性のない選択肢を消していくことで正解が得られる。また，今回のlet's try this!のように，代名詞が指すものが，会話の中の単語に明確に表れないこともあるが，前後の流れから，どのようなものを指しているのかを理解することも大切である。

第3回

◀)) 音声
No.2-03

🎯 目標得点
9／12点

📋 解答ページ
P.062

✏ 学習日
／

第2問 （配点 12）CEFR：A1 〜 A2 程度

問1から**問4**までの4問です。それぞれの問いについて，対話の場面が日本語で書かれています。対話とそれについての問いを聞き，その答えとして最も適切なものを，四つの選択肢 ①〜④ のうちから一つずつ選びなさい。**2回流します。**

問1　　居間で鍵の置き場所について話をしています。　1

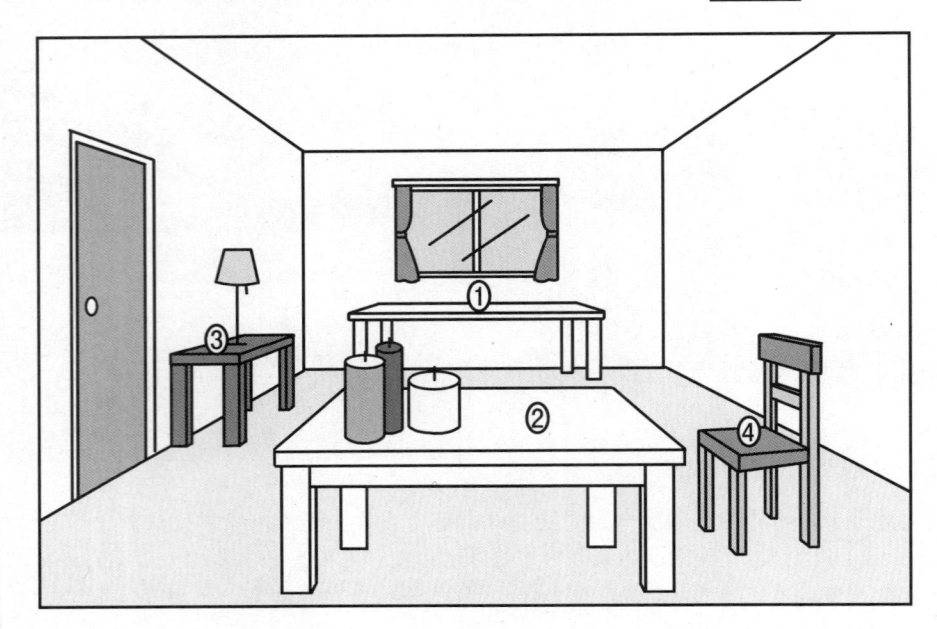

問2　　来週の天気について話をしています。　2

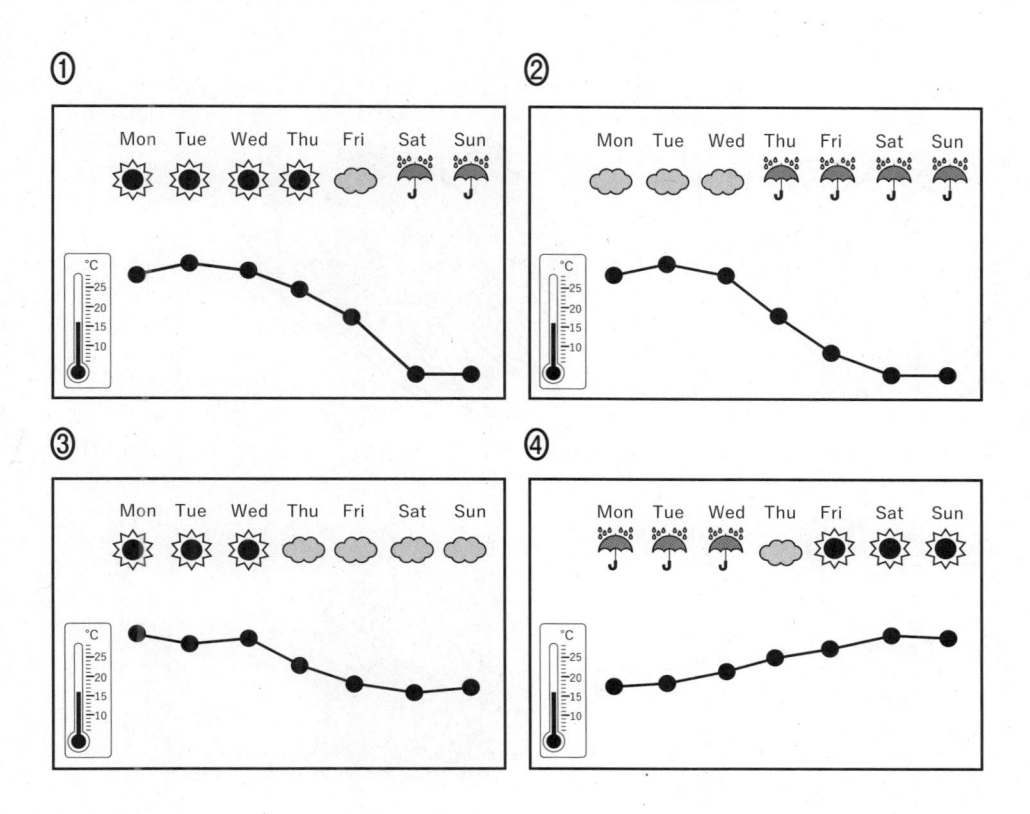

問3　スーパーで野菜について話をしています。　3

①

②

③

④

問4 車を買いに来ています。 4

①

②

③

④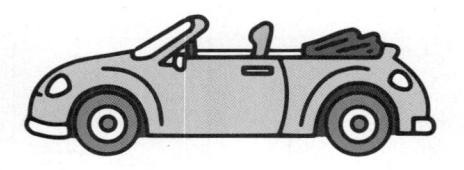

第3回

第2問

問題番号	問 1	問 2	問 3	問 4
解答欄	1	2	3	4
正解	③	①	④	③
配点	3	3	3	3

問 1　　1　　**正解 ③**

M₁ : I'm going out. Where should I put the keys?
W₁ : On the table, thanks.
M₂ : Next to the window?
W₂ : No. The small one with a lamp.

男性₁：　出かけます。鍵をどこに置いたらいいですか？
女性₁：　テーブルの上にお願いします。
男性₂：　窓の横ですか？
女性₂：　いいえ。ランプのある小さいテーブルです。

Where does the man put the keys?
男性は鍵をどこに置きますか？

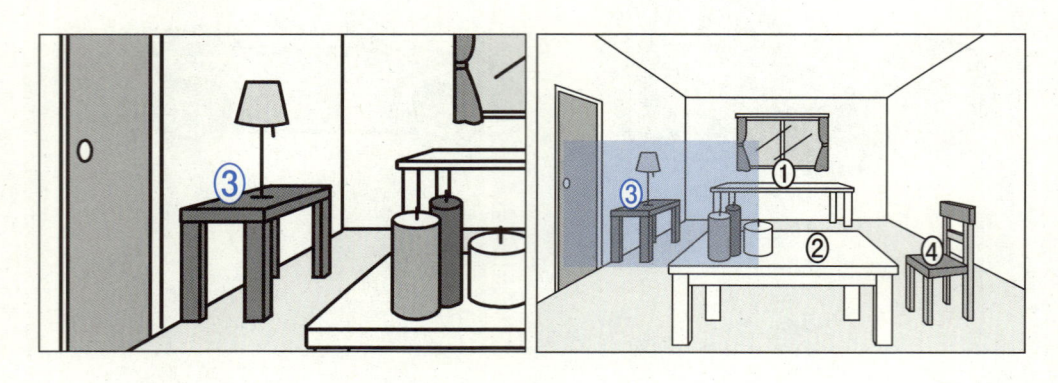

　　英文は2度放送されるので，1度目の放送で話の流れを把握し，2度目の放送で確実に正解を選ぼう。男性が鍵を置く場所についての問題だが，女性の1回目の発言On the table「テーブルの上」という指示に対して，男性がNext to the window?「窓の横ですか？」とどのテーブルに置くかを確認している。それに対し女性がThe small one with a lamp「ランプのある小さいテーブル」と答えている。したがって正解は③。イラストには，窓，テーブル，椅子などが描かれているので，window / table / chairのような単語が用いられると予想し，しっかり聞き取ろう。

問2 ☐2 正解 ①

M₁ : It looks like it's going to be pretty cold toward the latter half of the week.
W₁ : I know! Less than 10 degrees and rains too!
M₂ : It's only for Saturday and Sunday, though.
W₂ : I heard that it's going to be sunny and rather warm at the beginning of the week.

男性₁ ： 週の後半に向けてかなり寒くなるようですね。
女性₁ ： そうなんです！　10度未満で雨も降ります！
男性₂ ： でも土曜日と日曜日だけですね。
女性₂ ： 週のはじめには晴れてむしろ暖かくなると聞きました。

Which is the best description of the weather?
この天気の説明として最適なのはどれですか？

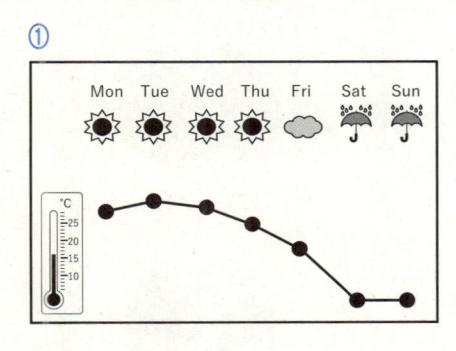

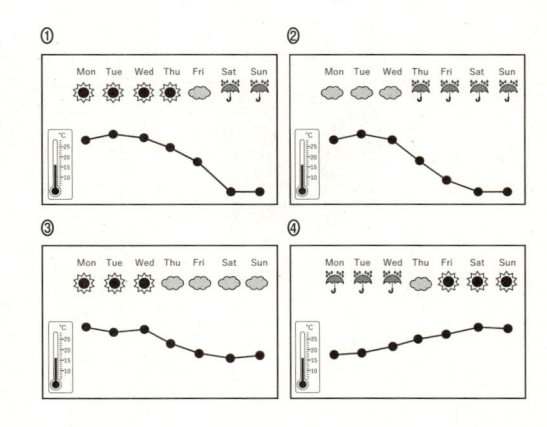

　一週間の天気予報として正しいものを選ぶ問題。選択肢のイラストを確認すると、気温のグラフが右下がりか、そうでないか、天気がどうなっているかが聞き取るべきポイントだと予想できる。男性は1回目の発言でit's going to be pretty cold toward the latter half of the week「週の後半に向けてかなり寒くなる」と述べており、ここで週の後半の気温が上がっている④を正答から除外できる。また、女性は1回目の発言でLess than 10 degrees and rains too「10度未満で雨も降る」と述べ、それを受けて男性はIt's only for Saturday and Sunday「土曜日と日曜日だけですね」と述べている。したがって、土曜日と日曜日に、気温が10度より低く雨が降ることを表している①か②が正解。女性の最後の発言にit's going to be sunny and rather warm at the beginning of the week「週のはじめには晴れてむしろ暖かくなる」とあるので、月曜日から水曜日にかけて気温が高く、晴れマークがついている①が最終的に正解とわかる。

問3 ⟨3⟩ 正解 ④

M_1 : What's that vegetable called?
W_1 : The one with the big leaves?
M_2 : No, it doesn't have any leaves.
W_2 : Oh, you mean the big round one.

男性1： あの野菜は何と呼ばれていますか？
女性1： 大きな葉がついているものですか？
男性2： いいえ，葉はついていません。
女性2： あぁ，大きくて丸い野菜のことですね。

Which vegetable is the man talking about?
男性はどの野菜について話していますか？

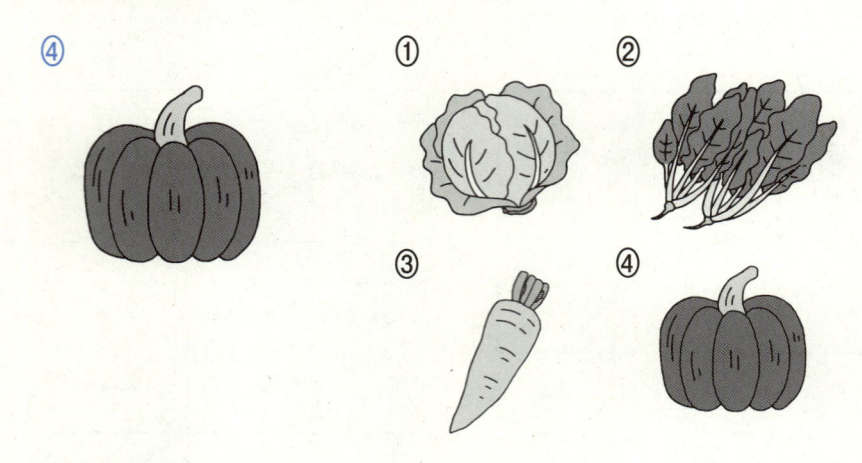

　　男性が話している野菜を選ぶ問題。男性の1回目の発言でWhat's that vegetable called?「あの野菜は何と呼ばれていますか？」と女性に問いかけ，2回目の発言ではit doesn't have any leaves「葉はついていません」とその特徴を説明している。それに対して女性はyou mean the big round one「大きくて丸い野菜のことですね」と男性が指す野菜を確認している。この，葉がないということと，大きくて丸いという条件を満たす④が正解。ちなみに，今回の問題は，女性の1回目の発言The one with the big leaves?「大きな葉がついているものですか？」に対して，男性はNoと否定している。このようにリスニングの問題では，最初に出てきた情報が否定されたりするので，惑わされないように気を付けよう。

問 4 [4] 正解 ③

W₁ : They have lots of cars here. How about this one?
M₁ : It's too small. I need lots of space.
W₂ : How about this one?
M₂ : I need space for my family too.

女性₁ ： ここには車がたくさんありますね。この車はどうですか？
男性₁ ： それは小さすぎます。大きなスペースが必要です。
女性₂ ： これはどうですか？
男性₂ ： 家族用にもスペースが必要です。

Which is the best vehicle for the man?
男性にとって最適な車はどれですか？

③　①　②

③　④

　　男性にとって最適な車を選ぶ問題。女性の1回目の発言の How about this one?「これはどうですか？」に対して男性は It's too small「それは小さすぎます」と答えている。ちなみにこの one と it はどちらも車のことを指している。また，男性は最後の発言で I need space for my family too「家族用にもスペースが必要です」と述べている。つまり，男性が望む車の条件は「大きくて，家族用のスペースがあるもの」となる。よって，選択肢の中でこの条件に最もよく当てはまる③が正解となる。

MEMO

Part

4

対話を聞いて
質問に合う答えを選ぶ

CEFR：A1 ～ A2 程度

回	出典	問題の概要	放送文の語数※	小問	得点
第1回	2017年 試行調査 第3問	身のまわりの事柄に関する短い対話を， 場面の情報を参考にしながら聞き取り， 概要や要点を目的に応じて把握する。	197 words	5問	/15
第2回	2018年 試行調査 第3問	身のまわりの事柄に関する短い対話を， 場面の情報を参考にしながら聞き取り， 概要や要点を目的に応じて把握する。	162 words	4問	/16
第3回	オリジナル 問題	身のまわりの事柄に関する短い対話を， 場面の情報を参考にしながら聞き取り， 概要や要点を目的に応じて把握する。	190 words	4問	/16

※問題文の語数は含まない。

第3問 （配点 15）CEFR：A1 〜 A2 程度

問1から問5までの5問です。それぞれの問いについて，対話の場面が日本語で書かれています。対話を聞き，問いの答えとして最も適切なものを，四つの選択肢（①〜④）のうちから一つずつ選びなさい。**1回流します**。(問いの英文は書かれています。)

問1 友達同士が，これから出かけようとしています。

Which bus are the two friends going to catch? ⬚1⬚

① 11:05
② 11:15
③ 11:20
④ 11:40

問2 テレビで野球の試合（The Crabs 対 The Porters）を見ているお母さんに，息子が話しかけています。

What is happening in the game? ⬚2⬚

① The Crabs are behind.
② The Crabs are leading.
③ The game is being delayed.
④ The game is just beginning.

問 3　雨天の日に，高校生の男女が部活動について話をしています。

What can you guess from the conversation?　3

① The boy and the girl agree not to go to the gym.

② The boy and the girl like working out.

③ The boy does not want to exercise today.

④ The boy has been gone since yesterday.

問 4　男性がレストランで店員に話しかけています。

What is the man most likely to do?　4

① Finish the food.

② Order again.

③ Start eating.

④ Wait for the food.

問 5　語学学校に留学中の女子学生が，アドバイザーと話をしています。

What happened to the student?　5

① Her question wasn't answered.

② Her request wasn't accepted.

③ She was told not to give advice.

④ She was unable to make a suggestion.

〔 2017年試行調査 〕

第1回

第3問

問題番号	問 1	問 2	問 3	問 4	問 5
解答欄	1	2	3	4	5
正解	④	②	③	①	②
配点	3	3	3	3	3

問 1 　1　　正解 ④

M₁ : What time do we have to leave?
W₁ : Let me check the schedule.... What time is it now?
M₂ : It's 11:15.
W₂ : The next bus is in five minutes, and then there's one at 11:40.
M₃ : I don't think we can make it for the next one. Let's take the one after that.

男性₁ : 何時に僕らは出発しないといけないの？
女性₁ : 時刻表を確認させて…。今何時？
男性₂ : 11 時 15 分だよ。
女性₂ : 次のバスは 5 分後で，その後は 11 時 40 分にあるわ。
男性₃ : 次のバスには間に合わないと思うよ。その次のバスに乗ろう。

Which bus are the two friends going to catch?
二人の友達が乗ろうとしているバスはどれか？

① 11:05
② 11:15
③ 11:20
④ 11:40

　　二人が乗ろうとしているバスの時間を聞き取る問題。男性の 2 回目の発言から現在の時刻は 11:15。続く女性の発言 The next bus is in five minutes から，次のバスは 5 分後の 11:20。また and then there's one at 11:40 から，その次のバスは 11:40 であるとわかる。最後に男性が，I don't think we can make it for the next one「次のバスに間に合うとは思わない」，Let's take the one after that「その次のバスに乗ろう」と提案している。どちらの英文でも one は bus を指し，after that の that は the next bus を指すので，最終的に二人は 11:40 のバスに乗るとわかり，正解は④。

問 2 　2　　正解 ②

M₁ : Oh, you're watching the baseball game, Mom.
W₁ : Yes. It's exciting.
M₂ : I didn't know that it had already started. Are the Crabs ahead?
W₂ : They are right now, yes, although they were losing in the beginning.
　　 They caught up with the Porters and they're leading now.
M₃ : I hope they'll win.

男性₁：　わぁ，野球の試合を見ているんだね，母さん。

女性₁：　ええ。面白いわよ。

男性₂：　試合がもう始まっているなんて知らなかったな。The Crabs が勝っている？

女性₂：　今はそうね，勝っているわ，はじめは負けていたけれど。

　　　　The Crabs は The Porters に追いついて，今はリードしているわ。

男性₃：　The Crabs が勝つといいな。

- -

What is happening in the game?
試合で何が起きているか？

① The Crabs are behind. 　　　　The Crabs が負けている。
② The Crabs are leading. 　　　　The Crabs が勝っている。
③ The game is being delayed. 　　試合は開始が遅れている。
④ The game is just beginning. 　　試合はちょうど始まったところだ。

- -

　　試合で起きていることを選択する問題。男性は2回目の発言でAre the Crabs ahead?「The Crabs は勝っている？」と尋ね，女性はそれに対しThey are「勝っている」と答えている。ちなみにこのTheyはThe Crabsを指し，areの後ろにはahead「勝っている」が省略されている。女性は続いて試合の流れを説明し，they're leading now「彼らは今リードしている」と述べている。このthey も The Crabs を指すので，正解は②である。③に関しては述べられていない。女性の2回目の発言で試合の流れが説明されているので，試合が始まってから時間が経っていることが判断できるため④も誤り。

問 3　　3　　正解 ③

M₁ :　Do we have tennis practice today?

W₁ :　Yes. We have to work out in the gym when it's raining.
　　　That's what we did yesterday, remember?

M₂ :　Yeah, my muscles still hurt from yesterday.

W₂ :　That'll go away. Let's go.

M₃ :　Actually, I think I'm getting a cold.

W₃ :　No, you're not. You always say that.

男性₁：　今日テニスの練習はあるかな？

女性₁：　ええ。雨が降っているときは体育館でトレーニングをしなきゃ。

　　　　それが昨日私たちがしたことよね，覚えてる？

男性₂：　うん，昨日からまだ筋肉が痛むよ。

女性₂：　すぐ良くなるわよ。行きましょう。

男性₃：　実は，風邪をひきかけているような気がするんだ。

女性₃：　いいえ，そんなことないわ。あなたはいつもそう言うんだから。

What can you guess from the conversation?
会話から何が推測できるか？

① The boy and the girl agree not to go to the gym.
　少年と少女は体育館に行かないことで同意している。

② The boy and the girl like working out.
　少年と少女はトレーニングをすることが好きだ。

③ The boy does not want to exercise today.
　少年は今日運動したくない。

④ The boy has been gone since yesterday.
　少年は昨日からいない。

　会話から推測できることを選択する問題。ポイントは，少年がなぜI'm getting a cold「風邪をひきかけている」と言ったかである。会話の流れを追うと，少女の最初の発言We have to work out「トレーニングをしなきゃ」に対し，少年はmy muscles still hurt「まだ筋肉が痛む」と答えている。それでもLet's goとトレーニングをさせようとする少女に対し少年は，I'm getting a coldと別の理由を述べているので，この発言はトレーニングをしたくない言い訳だと推測できる。したがって正解は③である。

問4 ┌ 4 ┐ 正解 ①

M₁ : Excuse me. I ordered a tomato omelet, but this is a mushroom omelet.
W₁ : Oh. I'm very sorry. I can bring you a new one.
M₂ : Well… I've already started eating.
W₂ : If you want what you ordered, I'm afraid it'll be a couple of minutes.
M₃ : Ah, okay. Then I'm fine with this.

男性₁ ： すみません。トマトオムレツを注文したのですが，これはキノコオムレツですね。
女性₁ ： あぁ。大変申し訳ございません。新しいものをお持ちします。
男性₂ ： うーん…。もう食べ始めてしまったのですが。
女性₂ ： 注文されたものをお望みでしたら，恐れ入りますが数分お時間をいただきます。
男性₃ ： あぁ，わかりました。それならこれでいいです。

What is the man most likely to do?
男性が最もしそうなことは何か？

① Finish the food.　　　　　その料理を食べ終える。
② Order again.　　　　　　もう一度注文をする。
③ Start eating.　　　　　　食べ始める。
④ Wait for the food.　　　　その料理を待つ。

解説　　会話の後に男性が取る行動を選択する問題。ポイントは男性の最後の発言I'm fine with thisのthisが指すものを聞き取ることである。男性の最初の発言からa tomato omeletを注文したがa mushroom omeletが出されたとわかる。女性の1回目の発言bring you a new one（=omelet）や2回目の発言If you want what you orderedから，交換できるとわかるが，それにはit'll be a couple of minutes「数分お時間をいただきます」とある。すると，男性はI'm fine with thisと答えている。このthisは間違って出されたa mushroom omeletを指し，"fine"「大丈夫」とはそれを食べるということなので，正解は①である。

問 5 　 5 　 正解 ②

放送文

W₁ : I'd like to move to an easier class.　Would that be possible?
M₁ : You have to get permission from your teacher.　Who is your teacher?
W₂ : Ms. Allen.　She said I should stay in her class for the rest of the year.
M₂ : Then, that's what you'll have to do.

放送文

女性₁ : もっと簡単なクラスに移りたいのですが。それは可能でしょうか？
男性₁ : あなたの先生から許可をもらっていただかないといけません。あなたの先生は誰ですか？
女性₂ : アレン先生です。先生は，私は年度末まで先生のクラスに残るべきだとおっしゃいました。
男性₂ : それなら，それがあなたがしなければならないことです。

- -

問題文

What happened to the student?
その学生に何が起こったか？

① Her question wasn't answered.　　　　　彼女は質問に答えてもらえなかった。

② Her request wasn't accepted.　　　　　彼女の要望は受け入れてもらえなかった。

③ She was told not to give advice.　　　　彼女は助言しないように言われた。

④ She was unable to make a suggestion.　彼女は提案することができなかった。

- -

解説　　会話の流れから，学生に起こったことを選択する問題。ポイントは男性の最後の発言that's what you'll have to doのthatの内容を聞き取ることである。このthatは女性の2回目の発言I should stay in her class for the rest of the year「私は年度末まで先生（＝アレン先生）のクラスに残るべき」を指している。これは女性の1回目の発言のI'd like to move to an easier classという要望に対し，アレン先生が言ったことなので，結局この学生はクラスを変更することができないとわかる。したがってその内容を「要望は受け入れられなかった」とした②が正解。

第2回

🔊 音声
No.3-02

🎯 目標得点
12／16点

📄 解答ページ
P.076

✏️ 学習日
／

第3問 （配点　16）　CEFR：A1 ～ A2 程度

　問1から問4までの4問です。それぞれの問いについて，対話の場面が日本語で書かれています。対話を聞き，問いの答えとして最も適切なものを，四つの選択肢（①～④）のうちから一つずつ選びなさい。（問いの英文は書かれています。）**2回流します。**※

問1　夫婦が今夜の夕食について話をしています。

What is the couple going to eat for dinner?　　1

① Pasta and salad

② Pasta and soup

③ Pizza and salad

④ Pizza and soup

問2　男性が通行人に話しかけています。

What will the man do?　　2

① Ask for a ride.

② Take a bus.

③ Take a taxi.

④ Walk to the hotel.

問 3　友達同士が服装について話をしています。

How does the man feel about the shirt?　　3

① He likes it very much.

② He wants to buy it.

③ It doesn't look nice on him.

④ It isn't worth the price.

問 4　友達同士が今観た映画について話をしています。

What do the two people agree about?　　4

① The movie follows the book.

② The movie has a great cast.

③ The movie is based on a true story.

④ The movie is better than the book.

※編集部注：2021年実施予定の共通テストでは、
第3問の音声は1回流される予定です。

〔 2018年試行調査 〕

問題番号	問 1	問 2	問 3	問 4
解答欄	1	2	3	4
正解	①	④	①	①
配点	4	4	4	4

問 1 　1　　正解 ①

W₁ : Would you rather have pizza or pasta for dinner?
M₁ : Well, I had pizza for lunch ....
W₂ : OK, then pasta. We could have soup with that. Oh, but the neighbor gave us lots of lettuce and tomatoes from her garden, so how about a salad instead of soup?
M₂ : Sure! That sounds good!

女性₁ ： 夕食にピザかパスタのどちらを食べたい？
男性₁ ： ええと，ピザは昼食に食べたな…。
女性₂ ： わかったわ，それならパスタね。それにスープもつけられるわ。あぁ，でも近所の人が彼女の庭で採れたレタスとトマトをたくさんくれたから，スープの代わりにサラダはどう？
男性₂ ： もちろん！　いいね！

What is the couple going to eat for dinner?
夫婦は夕食に何を食べようとしているか？

① Pasta and salad 　　　　　パスタとサラダ
② Pasta and soup 　　　　　パスタとスープ
③ Pizza and salad 　　　　　ピザとサラダ
④ Pizza and soup 　　　　　ピザとスープ

　英文が放送される前に設問と選択肢を読んでおけば，夕飯をpastaかpizza，saladかsoupから選べば良いとわかる。女性の2回目の発言のthenは直前の男性の発言I had pizza for lunch「ピザは昼食に食べたな」を受けて，then pasta「それならパスタね」と話を展開している。そこで選択肢にパスタが含まれている①か②の2択になる。

　また女性は2回目の発言でhow about a salad instead of soup?と言っている。"how about 〜 ?"は「〜はどうですか？」と提案する表現で，"instead of A"は「Aの代わりに」という意味なので，ここから女性はスープの代わりにサラダを食べることを提案しているとわかる。女性のその提案に対して男性はSure!と賛成しているので，サラダを食べるとわかり，①のパスタとサラダが正解となる。女性は2回目の発言の前半でスープを提案しているが，続く発言で「近所の人がレタスとトマトをたくさんくれたからサラダはどう？」と提案しなおしている。このような情報の訂正に惑わされないようにしよう。ちなみに，男性の最後の発言のthat は直前の女性の発言「サラダを食べること」を指している。

問2 ２ 正解 ④

M₁ : Excuse me. Could you tell me how to get to the Riverside Hotel from here?

W₁ : You can take a taxi or a bus. Or you can walk there and enjoy the view. It's not too far.

M₂ : Hmm, it's a nice day, and I need some exercise. I'll do that.

男性₁ ： すみません。ここからリバーサイド・ホテルへの行き方を教えていただけますか？

女性₁ ： タクシーかバスに乗るといいですよ。もしくは，そこまで歩いて景色を楽しむこともできます。そんなに遠くないですよ。

男性₂ ： ふむ，いい天気ですし，私は少し運動をしないと。そうすることにします。

What will the man do?
男性は何をするつもりか？

① Ask for a ride. 車で送ってくれるように頼む。

② Take a bus. バスに乗る。

③ Take a taxi. タクシーに乗る。

④ Walk to the hotel. ホテルまで歩く。

　男性がこのあとにすることが設問で問われており，選択肢のride / bus / taxi / walkなどの単語から交通手段に関する内容が放送されると推測できる。解答のポイントは男性の最後のI'll do that「そうすることにします」の内容を聞き取ることだが，それには会話の流れを理解することが必要である。女性は1回目の発言でYou can take a taxi or a bus「タクシーかバスに乗るといいですよ」, Or you can walk there「もしくは，そこまで歩くこともできます」と男性に3つの選択肢を提供している。続いて男性は，I need some exercise「私は少し運動をしないと」と言った後にI'll do thatと述べているので，do thatはwalk there（thereはto the Riverside Hotel）を意味しているとわかる。したがって正解は④Walk to the hotel「ホテルまで歩く」である。英語では，同じ単語は繰り返し使われないことが多いので，今回のdo thatのように，直前に使われた動詞について改めて言及する場合はdoやdoesを用い，名詞や内容を指す場合には代名詞が用いられる。それらが何を指しているのかを判断できるように，文脈をしっかり理解しよう。ちなみに①Ask for a rideの "ask for 〜" は「〜を求める」，"a ride" は「車に乗せてもらうこと」という意味なので，①は「車でホテルまで送ってくれるように頼む」という意味。

第2回

第3問

問3 　3 　正解 ①

W₁ : Hi, Jason. You look great in that shirt.
M₁ : Thanks, Mary. I ordered it online. Actually, it didn't look that nice on the website.
W₂ : Then why did you buy it?
M₂ : Because it was 50% off. But now I think it's really nice.
W₃ : Yeah, it is! You got a good buy.

女性₁ : こんにちは，ジェイソン。そのシャツ，とても似合っているわね。
男性₁ : ありがとう，メアリー。インターネットで注文したんだ。実は，ウェブサイトではそんなに良く見えなかったんだ。
女性₂ : それならなぜそれを買ったの？
男性₂ : 50％オフだったからだよ。でも今はすごくいいと思ってるんだ。
女性₃ : えぇ，本当にいいわ！　いい買い物をしたわね。

How does the man feel about the shirt?
男性はそのシャツについてどう感じているか？

① He likes it very much.　　　　彼はそれをとても気に入っている。
② He wants to buy it.　　　　　彼はそれを買いたいと思っている。
③ It doesn't look nice on him.　　それは自分に似合っていない。
④ It isn't worth the price.　　　それは値段に見合わない。

　設問を読むと，男性がシャツについてどう思うかを答える問題だとわかるので，男性の発言に注意しよう。男性は1回目の発言で，it didn't look that nice on the website「ウェブサイトではそんなに良く見えなかったんだ」と述べているが，2回目の発言ではit's really niceと述べている。どちらのitもshirtを指しており，最終的には男性は買ったシャツを気に入っていることがわかる。このit's really niceをlikes it very much「とても気に入っている」と言い換えた①が正解。ちなみに選択肢のitもすべてthe shirtを指しており，選択肢②はwants to buyとなっているが，会話ではI ordered it「注文した」と過去形で，時制が違うため誤り。③のIt doesn't look nice on him「それは自分（＝彼）に似合っていない」は男性の2回目の発言I think it's really niceと矛盾している。④のworthは「価値がある」という意味で，not worth the price で「値段に見合わない」という意味だが，これも会話の内容と矛盾している。また，設問には関係ないが，女性の最後のYeah, it isの後ろにはreally niceが省略されている。

問 4　　4　　正解 ①

M₁ : That was a great movie, wasn't it?
W₁ : Well, it wasn't as good as I expected.
M₂ : Really? It was a lot like the book, though.
W₂ : Yeah, that's true, but I didn't like the cast very much.
M₃ : Oh, you didn't? I think all the actors did a great job.

男性₁：　とてもいい映画だったよね？
女性₁：　うーん，期待していたほどは良くなかったわ。
男性₂：　本当に？　本にはとても近かったけどね。
女性₂：　えぇ，確かに，でも私は配役があまり好きではなかったわ。
男性₃：　えっ，好きじゃなかったの？　僕はすべての俳優がいい仕事をしたと思っているよ。

What do the two people agree about?
二人は何について同意しているか？

① The movie follows the book.　　その映画は本に忠実である。
② The movie has a great cast.　　その映画の配役は素晴らしい。
③ The movie is based on a true story.　　その映画は実話に基づいている。
④ The movie is better than the book.　　その映画は本より良い。

　　会話の二人が同意している内容を聞き取る問題である。男性の2回目の発言It was a lot like the book「本にはとても近かったね（itはmovieを指す）」に対して，女性はYeah, that's true「えぇ，確かに」と同意している。thatの内容は男性の直前の発言を指しており，そのa lot like the bookを follows the book「本に忠実である」と言い換えた①が正解である。ちなみに，男性はa great movie「とてもいい映画だ」，all the actors did a great job「すべての俳優が良い仕事をした」と映画に対して好意的だが，女性は，not as good as I expected「期待していたほどは良くなかったわ」，didn't like the cast very much「配役があまり好きではなかった」と映画に対して否定的な立場をとっている。このように二人の立場をおさえておけば，②は不正解とすぐにわかる。また，③や④については述べられていない。

第
2
回

第
3
問

第 3 問 （配点 16） CEFR：A1 〜 A2 程度

問 1 から問 4 までの 4 問です。それぞれの問いについて，対話の場面が日本語で書かれています。対話を聞き，問いの答えとして最も適切なものを，四つの選択肢（①〜④）のうちから一つずつ選びなさい。（問いの英文は書かれています。）**1 回流します。**

問 1　夫婦が映画について話をしています。

What type of movie are they going to watch?　1

① Comedy
② Action
③ Horror
④ Science Fiction

問 2　女性が通行人に話しかけています。

Where is the station?　2

① Next to the bank.
② In front of the bank.
③ Across from the supermarket.
④ The end of the street.

問 3 友達同士が今夜のテレビ番組について話しています。

What does the man think of boxing? 3

① It is boring.

② It is dangerous.

③ It is fun to watch.

④ It is interesting.

問 4 友達同士が読んでいる本について話をしています。

What do the two people agree about? 4

① The last book was longer.

② The last book was good.

③ The new book is interesting.

④ The new book is too slow.

〔 オリジナル問題 〕

問題番号	問 1	問 2	問 3	問 4
解答欄	1	2	3	4
正解	③	③	②	②
配点	4	4	4	4

問1　1　正解 ③

W₁ : What kind of movie do you feel like watching tonight? Science Fiction or Comedy?

M₁ : We watched a comedy last week.

W₂ : OK, let's watch Sci-Fi then. Oh wait, didn't you buy that horror movie? Maybe we could watch that.

M₂ : Oh yeah! Let's watch that. It's got great reviews.

女性₁：　今夜はどんな映画を観たい気分？　SF それともコメディ？

男性₁：　先週コメディを観たよね。

女性₂：　わかったわ，じゃあ，SF を観ましょう。あ，待って，あのホラー映画を買ってなかったっけ？　それを観ても良いかもしれないわ。

男性₂：　あぁ，そうだね！　それを観よう。評判も良いし。

What type of movie are they going to watch?

彼らはどのような種類の映画を観るか？

① Comedy　　　　　コメディ

② Action　　　　　アクション

③ Horror　　　　　ホラー

④ Science Fiction　SF

　　対話の場面と問いは放送文が流れる前に必ずおさえよう。夫婦が見る映画の種類を答える問題だが，聞き取るポイントは男性の最後の発言 Let's watch that「それを観よう」の that が指すものである。この that は，直前の女性の発言 Maybe we could watch that「それを観ても良いかもしれない」の that と同じで，女性の2回目の発言 didn't you buy that horror movie?「あのホラー映画を買ってなかったっけ？」の that horror movie を指している。したがって，この二人が見る映画の種類は③ Horror であることがわかる。女性は2回目の発言で let's watch Sci-Fi「SF を観ましょう」と SF 映画を提案しているが，リスニングの問題では，最初に出てきた情報や提案は否定されることが多いので惑わされないようにしよう。

問2 ☐2☐ 正解 ③

W₁ : Excuse me. I'm looking for the bus station, but I can't find it. Do you know where it is?

M₁ : I do. Just go to the end of the street and take a right at the bank. Keep walking and the station is about 200 meters down the road, opposite the supermarket.

W₂ : Thank you very much.

女性₁ : すみません。バス乗り場を探していますが,見つけられません。どこにあるかご存知ですか？

男性₁ : 知っています。この通りを突き当たりまで進んで銀行を右に曲がってください。歩き続けるとその乗り場は道路を約200メートル下ったところ,スーパーマーケットの反対側にあります。

女性₂ : どうもありがとうございます。

Where is the station?
その乗り場はどこにあるか？

① Next to the bank. 　　　　　　銀行の隣。

② In front of the bank. 　　　　　銀行の前。

③ Across from the supermarket. 　スーパーマーケットの向かい。

④ The end of the street. 　　　　通りの突き当たり。

　　バス乗り場の位置を問う問題。男性は乗り場までの経路を go to the end of the street「この通りを突き当たりまで進む」→ take a right at the bank「銀行を右に曲がる」→ the station is about 200 meters down the road「その乗り場は道路を約200メートル下ったところ」と説明し,最後に,opposite the supermarket「スーパーマーケットの反対側」とさらに細かく説明している。この "opposite"「～の反対側」を "across from"「～の向かい」と言い換えた③が正解。その他にも,選択肢にある "next to"「～の隣」や "in front of"「～の前」に加えて,"behind"「～の後ろ」など建物の位置関係を説明する表現はしっかり覚えておこう。

問3 ___3___ 正解 ②

W₁ : Hey, Paul. Do you want to watch the boxing tonight?
M₁ : Oh. No thanks, Zoë. I don't really like boxing.
W₂ : Really? Why not?
M₂ : I think it's not safe because people might get injured. I get worried that something will go wrong.

女性₁ : ねぇ，ポール。今夜ボクシングを観ない？
男性₁ : あぁ。遠慮するよ，ゾーイ。ボクシングはあまり好きじゃないんだ。
女性₂ : 本当に？　どうして好きじゃないの？
男性₂ : ケガをするかもしれないから安全じゃないと思うんだよ。何か悪いことが起きるのではと心配になるんだ。

- -

What does the man think of boxing?
男性はボクシングをどう思っているか？

① It is boring.　　　　　　つまらない。
② It is dangerous.　　　　 危険である。
③ It is fun to watch.　　　 観戦するのが楽しい。
④ It is interesting.　　　　興味深い。

- -

　　設問は男性がボクシングをどう思っているかを問う問題。男性は1回目の発言でI don't really like boxing「ボクシングはあまり好きじゃないんだ」と述べ，最後の発言ではit's not safe「それは安全じゃない」と述べている。
　　この最後の発言のitはboxingのことであり，not safeをdangerousと言い換えた②が正解である。また，男性は1回目の発言でI don't really like boxingと述べていることから，肯定的な意見の③や④を消去していくという消去法を使っていくこともできる。

84

問4 ４ 正解 ②

M₁ : What are you reading?

W₁ : It's Ian Marlin's new book. Have you read it?

M₂ : Not yet. How is it?

W₂ : I don't think it's as good as his last one. The story is much slower and less interesting.

M₃ : Oh. I really enjoyed his last one, but maybe I shouldn't read this one.

男性₁ : 何を読んでいるの？

女性₁ : イアン・マーリンの新しい本よ。読んだことある？

男性₂ : いや，まだだよ。それ，どう？

女性₂ : この前の作品ほど良いとは思わないわ。物語の展開がかなり遅くて面白さに欠けるの。

男性₃ : あぁ。彼の前作はかなり楽しめたけど，今回の作品は読まない方がいいかもしれないね。

What do the two people agree about?

2人は何に同意しているか？

① The last book was longer. 前作の方が長かった。

② The last book was good. 前作は良かった。

③ The new book is interesting. 新作は面白い。

④ The new book is too slow. 新作は展開が遅すぎる。

　　対話をしている友達同士が本に関して同意している内容を問う問題。女性は2回目の発言でI don't think it's as good as his last one「この前の作品ほど良いとは思わないわ」と述べている。ここでのitは女性が今読んでいるIan Marlinのnew book「新作」でlast oneのoneはbookのことである。それに対し，男性は最後の発言でI really enjoyed his last one「彼の前作はかなり楽しめた」と述べ，このoneもbookを指しているので，二人とも前作を肯定的にとらえていることがわかる。したがって正解は②である。新作の展開が遅いと述べている④に関しては，女性の意見としてはあてはまっているが，新作を読んだことがない男性の意見としてはあてはまらない。二人の共通する意見を聞く問題では，一方の意見にはあてはまっていても正解にはならないので，気を付けよう。

Part

5

グラフの穴埋めや
イラストの並べ替え

CEFR：A2 ～ B1 程度

回	出典	問題の概要	放送文の語数※	小問	得点
第1回	2017年 試行調査 第4問 Ａ	間食に関する調査の結果報告や英語キャンプ参加者のチーム分け方法の説明を聞き，グラフを埋める。	183 words	2問	/8
第2回	2018年 試行調査 第4問 Ａ	行方不明になった猫のエピソードを聞いて，イラストを聞こえてくる話の順番に並べる。 ツアー料金の説明を聞いて，表を埋める。	172 words	2問	/8
第3回	オリジナル 問題	動物保護施設でのボランティア体験を聞いて，イラストを聞こえてくる話の順番に並べる。 アクティビティの説明を聞いて，表を埋める。	165 words	2問	/8

※問題文の語数は含まない。

第4問 （配点 8）CEFR：A2～B1 程度

A 問1・問2の2問です。それぞれの問いについて，話を聞き，問いの答えとして最も適切なものを，四つの選択肢（①～④）のうちから選びなさい。**1回流します。**

問1 授業でワークシートが配られました。グラフについて，先生の説明を聞き，以下の図の四つの空欄A～Dにあてはめるのに最も適切なものを，四つの選択肢（①～④）のうちから選びなさい。　1

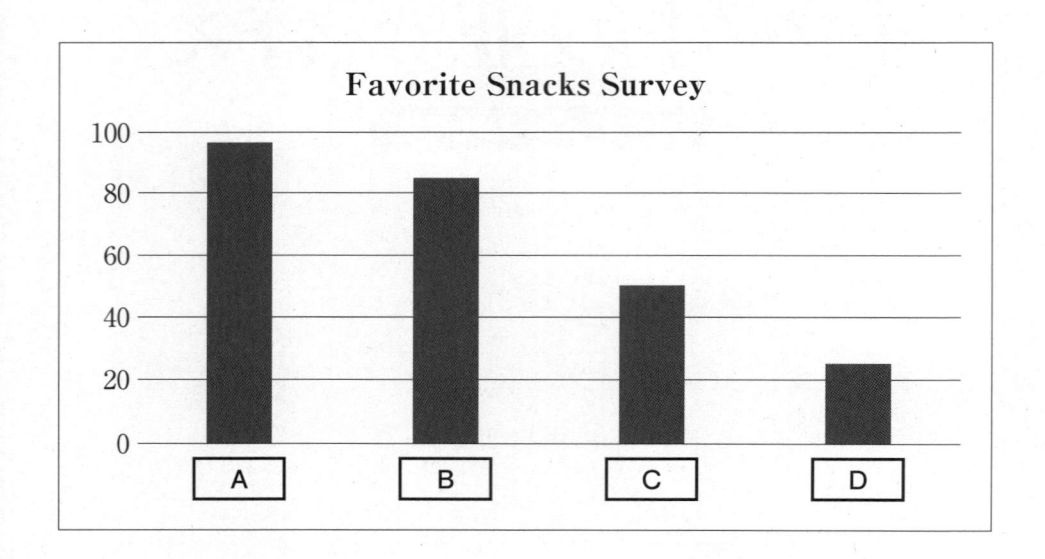

① Chocolate
② Fruit
③ Potato chips
④ Vegetables

問2 こども向けの英語キャンプを開催するにあたり，参加者をチームに分けます。リーダーの説明を聞き，以下の表の四つの空欄 A 〜 D にあてはめるのに最も適切なものを，四つの選択肢 (①〜④) のうちから選びなさい。ただし，選択肢は2回以上使ってもかまいません。 ⎣ 2 ⎦

Teams
① Blue
② Green
③ Red
④ Yellow

Family name	Given name	Length of experience in an English-speaking country	Team
ABE	Takahiro	3 years	A
BABA	Maki	4 years	
HONDA	Naoki	None	B
KITANO	Azusa	1 year	
MORI	Saki	None	C
NODA	Sho	3 weeks	
UENO	Rei	6 months	D
WATARI	Takeru	2 years	

〔 2017年試行調査 〕

問題番号	問 1				問 2			
解答欄	A	B	C	D	A	B	C	D
正解	②	④	①	③	①	③	②	②
配点	4*				1	1	1	1

* は，全部を正しくマークしている場合のみ正解とする

問 1　　1

[1] One hundred North American university students, 50 men and 50 women, were recently surveyed about what their favorite snacks were. [2] There were four types of snacks for students to choose from: chocolate, fruit, potato chips, and vegetables. [3] The highest rated category was "fruit" with 97 students choosing this category. [4] Slightly lower was "vegetables." [5] Surprisingly, the lowest category to be selected was "potato chips" with only 25 students indicating they enjoyed eating this snack. [6] "Chocolate" was double the number for "potato chips." [7] It is encouraging that the university students in this study rated healthy snack choices so highly.

[1] 男性50名，女性50名の計100名の北アメリカの大学生に対して，好きな間食は何かということについての調査が最近行われた。[2] 学生が選択する間食には，チョコレート，果物，ポテトチップス，野菜の4種類があった。[3] 最も高く評価されたカテゴリーは「果物」で，97名の学生がこのカテゴリーを選んだ。[4] それよりもほんの少し割合が低かったのは「野菜」だった。[5] 驚くべきことに，最も選ばれなかったカテゴリーは「ポテトチップス」で，わずか25名の学生がこの間食を好んで食べると回答した。[6] 「チョコレート」は「ポテトチップス」の倍の数値だった。[7] この調査における大学生が，健康的な間食の選択肢をとても高くランク付けたということは，心強いことだ。

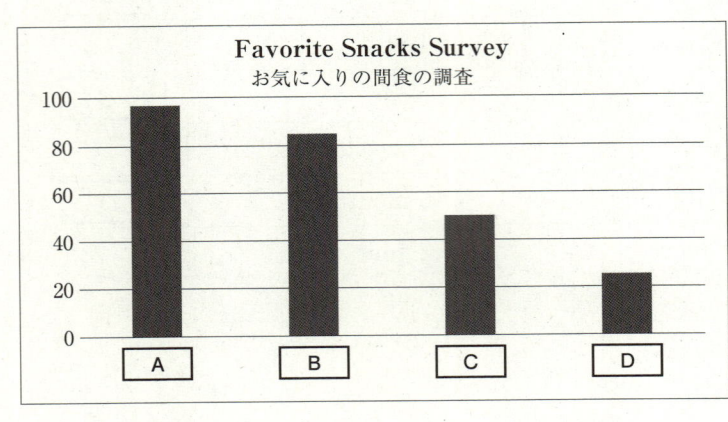

- category 名 カテゴリー
- surprisingly 副 驚いたことに
- encouraging 形 元気づける
- slightly 副 わずかに
- select 動 を選ぶ

解説　グラフに関する説明を聞き取る問題。グラフに関する問題は音声が流れる前にグラフの概要と選択肢を把握し，聞き取るべきポイントを絞り込むことが高得点のカギである。その際確認すべき項目は主に，

・グラフのタイトル：お気に入りの間食の調査
・横軸＋縦軸の内容：横軸は選択肢で，縦軸は数字
・選択肢：間食の種類

の３点。なので「間食の種類と数字の関係」を聞き取れば良いと予想することができる。

A 正解 ②

放送された英文では，１文目で，<u>One hundred</u> North American university students, <u>50 men and 50 women</u>,….とあるので，縦軸の数字は調査に回答している人の人数だとわかる。

次に３文目で，<u>The highest</u> rated category was <u>"fruit" with 97 students</u> choosing this category「最も高く評価されたカテゴリーは『果物』で，97名の学生がこのカテゴリーを選んだ」と述べられているため，グラフより A には②のFruitが入るとわかる。

the highest / fruit / 97 studentsの３つの要素をしっかりと聞き取ろう。ちなみに，…choosing this categoryのthis categoryとは"fruit"のことを表している。

B 正解 ④

４文目で，<u>Slightly lower</u> was <u>"vegetables"</u> と述べられている。比較級が出てきたときは比較対象を明らかにすることが大切である。この場合は何と比べて"lower"「より低い」なのかを明らかにしよう。ここでは前文のfruitと比べてlowerということになる。fruitよりlowerなのはvegetablesということなので，vegetablesは B C D のどれかとなる。その中で答えを絞るにはlowerの前についている"slightly"「わずかに」がポイントとなる。slightly lowerで「わずかに低い」ということなので，B が④Vegetablesとわかる。

C 正解 ①

６文目で，<u>"Chocolate"</u> was <u>double the number for "potato chips"</u>「『チョコレート』は『ポテトチップス』の倍の数値」と述べられている。前文でポテトチップスは25人の学生が選択していると述べられているので，Chocolateは２倍の数の50人ということになる。よってグラフより C には①Chocolateが入るとわかる。

D 正解 ③

５文目で，<u>the lowest</u> category to be selected was <u>"potato chips"</u>「最も選ばれなかったカテゴリーは『ポテトチップス』」と述べられているので，グラフより D には③Potato chipsが入る。the lowest, potato chipsが聞き取れれば解けるが，その後にwith only 25 studentsと続くので，そこまで聞き取れれば，the lowest = potato chips = 25 studentsとわかるので D には確実に③Potato chipsが入るとわかる。

問 2 正解　A ①　B ③　C ②　D ②

[1] We're going to divide the kids into four groups. [2] Here's the name list. [3] The names are ordered alphabetically by the kids' family names. [4] Those kids whose family names start from A to K will be put into Team Red or Team Blue, and those from M to Z will be put into Team Green or Team Yellow. [5] Learners who've lived in an English-speaking country for more than a year should be put into either Team Blue or Team Yellow.

[1] これからこどもたちを4つのグループに分けます。[2] これがこどもたちの名簿です。[3] 名前は，こどもの名字でアルファベット順に並んでいます。[4] 名字がAからKで始まるこどもたちは赤チームか青チームに入れられ，MからZまでのこどもたちは緑チームか黄チームです。[5] 英語圏の国に1年よりも長く住んでいた経験のある学習者は，青チームか黄チームのどちらかに入れられます。

Teams　チーム
① Blue　青
② Green　緑
③ Red　赤
④ Yellow　黄

Family name 姓（名字）	Given name 名	Length of experience in an English-speaking country 英語圏の国での滞在経験の長さ		Team チーム
ABE	Takahiro	3 years	3年間	A
BABA	Maki	4 years	4年間	
HONDA	Naoki	None	なし	B
KITANO	Azusa	1 year	1年間	
MORI	Saki	None	なし	C
NODA	Sho	3 weeks	3週間	
UENO	Rei	6 months	6ヶ月	D
WATARI	Takeru	2 years	2年間	

■ alphabetically　[副] アルファベット順に　　■ put *A* into *B*　[熟] *A* を *B* に入れる
■ length　[副] 長さ

92

聞き取った説明をもとに誰がどのグループに入るかを判断する問題。英文が読み上げられる前に，表の概要を把握しよう。

　　次に，選択肢に目を通すと，色を表す単語が並んでいます。これで聞き取るべき情報は「誰がどの色のグループに入るのか」だとわかります。

　　設問に答えるには，まず3文目のThe names <u>are ordered alphabetically</u> by <u>the kids' family names.</u>「名前は，こどもの名字でアルファベット順に並んでいる」を聞き取り，名前が並べられているルールを把握しよう。その上で，4文目に<u>family names</u> start from <u>A to K</u> will be put into <u>Team Red or Team Blue</u>「名字がA～Kは赤チームか青チーム」とあり，その後 and those from <u>M to Z</u> will be put into <u>Team Green or Team Yellow.</u>「名字がM～Zは緑チームか黄チーム」と続く。ちなみに those from ～ の those は family names を指している。以上の情報から　A　，　B　には①か③が，　C　，　D　には②か④が入る。ここまでの情報を整理すると

名字がA～K：ABE　BABA　HONDA　KITANO
チームは ①Blue か ③Red

名字がM～Z：MORI　NODA　UENO　WATARI
チームは ②Green か ④Yellow

となる。そこからさらに答えを絞る必要がある。表にはLength of experience in an English-speaking country「英語圏の国での滞在経験の長さ」という条件がある。この条件が答えを絞り込む上で必要である。

　　5文目でLearners who<u>'ve lived in an English-speaking country for more than a year</u> should be put into <u>either Team Blue or Team Yellow</u>「英語圏の国に1年よりも長く住んでいた経験のある学習者は，青チームか黄チームのどちらかに入れられる」とある。よって，

名字	名字のチーム分け	英語圏の国での 1年以上の滞在経験	チーム	
ABE	A～K：①Blueか③Red	○：①Blueか④Yellow	A	① Blue
HONDA	A～K：①Blueか③Red	×：②Greenか③Red	B	③ Red
MORI	M～Z：②Greenか④Yellow	×：②Greenか③Red	C	② Green
UENO	M～Z：②Greenか④Yellow	×：②Greenか③Red	D	② Green

となる。このように情報を整理しながら英文を聞き取ることが大切である。

第4問 （配点　8）　CEFR：A2 ～ B1 程度

A 　問1・問2の2問です。話を聞き，それぞれの問いの答えとして最も適切なものを，選択肢のうちから選びなさい。**1回流します。**

問1　女の子がペットの猫（サクラ）について話しています。話を聞き，その内容を表したイラスト（①～④）を，聞こえてくる順番に並べなさい。

1 → 2 → 3 → 4

①

②

③

④

問 2 あなたは海外インターンシップで旅行代理店の手伝いをしています。ツアーの料金についての説明を聞き，下の表の四つの空欄 `5` ～ `8` にあてはめるのに最も適切なものを，五つの選択肢（①～⑤）のうちから一つずつ選びなさい。選択肢は2回以上使ってもかまいません。

① $50　　② $70　　③ $100　　④ $150　　⑤ $200

Tour		Time (minutes)	Price
Hiking	Course A	30	`5`
	Course B	80	`6`
Picnicking	Course C	60	
	Course D	90	`7`
Mountain Climbing	Course E	120	`8`
	Course F	300	

〔 2018年試行調査 〕

問題番号	問 1				問 2			
解答欄	1	2	3	4	5	6	7	8
正解	③	②	①	④	②	③	③	④
配点	4*				1	1	1	1

＊は，全部を正しくマークしている場合のみ正解とする

問1　正解　1 ③　2 ②　3 ①　4 ④

¹ Last Saturday, when my grandmother opened the front door of our house, our family cat, Sakura, ran out to chase a bird. ² My grandmother tried to catch her, but Sakura was too fast. ³ My family began looking for her. ⁴ When it got too dark to see, we gave up our search for the night. ⁵ We were so sad. ⁶ I placed food and water outside the door in case Sakura came home. ⁷ The next morning I ran to the door to check the food. ⁸ The food had been eaten, but Sakura wasn't there. ⁹ Then suddenly, from behind the bushes, I heard a soft "meow."

¹ この前の土曜日，祖母が家の正面玄関を開けたとき，私たち家族の猫のサクラが，鳥を追いかけて走って出て行ってしまったのです。² 祖母は彼女を捕まえようとしましたが，サクラは速すぎました。³ 家族で彼女を探し始めました。⁴ 暗すぎてあたりが見えなくなったとき，私たちはその晩の捜索を中断しました。⁵ 私たちはとても悲しかったです。⁶ サクラが帰ってきたときに備えて，私は食べ物と水をドアの外に置きました。⁷ 翌朝，私は食べ物をチェックしにドアまで走っていきました。⁸ 食べ物は食べられていましたが，サクラはそこにいませんでした。⁹ そのとき突然，茂みの向こうから，「にゃー」という優しい鳴き声が聞こえました。

- - - - - - - - - -

　　英文が放送される前にすべてのイラストに目を通し，どのような単語や表現が使われるかを予測すると，聞き取るべきポイントが明確になり解きやすい。例えば③のイラストであれば，猫が逃げている状況を表しているので，a cat ran out of the house のような表現が使われるのではないかと予測できる。また②のイラストでは，みんなが何かを探しているようなので，find / look for / search のような表現が使われるのではないかと予測できる。その上で英文を聞き，特徴的な単語や表現をとらえて，イラストを正しい順序に並べていこう。

　　まず放送文の1文目では，my grandmother opened the front door「祖母が正面玄関を開けた」とあり，その状況からイラスト③が1番目に来るとわかる。またその後半では our family cat, Sakura, ran out「私たち家族の猫のサクラが走って出ていってしまった」とあるので，猫が逃げたことがわかる。したがって，やはり③が1番目に

来ることがはっきりする。

次に3文目のMy family began looking for her「家族で彼女を探し始めました」から②が2つ目に来るイラストだとわかる。ちなみにこの文のherは逃げた猫のことを指している。また，6文目のI placed food「私は食べ物を置きました」という表現から餌を置いている①が3番目に来るイラストだとわかる。最後に，最終文のbehind the bushes「茂みの向こうから」とmeowの鳴き声から，茂みの後ろから音がしているイラスト④が最後に来るとわかる。

イラストを並べ変える問題では，話の大筋をつかめることが何よりも大切なので，イラストには直接関係がない英文に惑わされないようにしよう。今回の放送文ではMy grandmother tried to catch her, but Sakura was too fast「祖母は彼女を捕まえようとしましたが，サクラは速すぎました」やin case Sakura came home「サクラが帰ってきたときに備えて」と述べられているが，これらの情報は話の大筋には関係ない。設問に答えるために必要な情報を取捨選択できるようになろう。

問2　正解　[5] ② [6] ③ [7] ③ [8] ④

[1] This is the list of outdoor tours that we offer. [2] I haven't filled in the price column yet, so could you help me complete it? [3] The prices depend on how long each tour is. [4] The price is 70 dollars for tours up to one hour ... and 100 dollars for tours over 60 minutes up to 90 minutes. [5] We charge 50 dollars for each additional hour over 90 minutes.

[1] これは私たちが提供しているアウトドアツアーの一覧表です。[2] まだ料金欄に記入していませんので，これを完成させるのを手伝っていただけますか？ [3] 料金はそれぞれのツアーの長さによります。[4] 1時間までのツアー料金は70ドルで … 60分を超えて90分までのツアーは100ドルです。[5] 90分を超えた場合，追加の1時間ごとに50ドルを頂戴しています。

- -

■fill in *A* 熟 *A* に記入する　　■up to *A* 熟 最大 *A* まで　　■charge 動 を請求する

- -

Tour ツアー		Time (minutes) 時間（分）	Price 価格
Hiking　ハイキング 	Course A コース A	30	[5]
	Course B コース B	80	[6]

第2回｜第4問 A 97

Picnicking　ピクニック 	Course C コース C	60	
	Course D コース D	90	7
Mountain Climbing　山登り	Course E コース E	120	8
	Course F コース F	300	

① $50　50ドル
② $70　70ドル
③ $100 100ドル
④ $150 150ドル
⑤ $200 200ドル

> **解説**
>
> 　英文が放送される前に，ツアーの表に目を通し，聞くべきところをおさえよう。表に目を通すと，今回はツアーの値段を聞き取ることがポイント。ツアーの種類はHiking / Picnicking / Mountain Climbingの3種類で，それぞれに時間の違う2つのコースが設けられている。そのことからツアー時間の長さに応じて料金が変わってくると予想できる。したがって，「ツアーの種類＋時間＋料金」をセットにして聞き取るべきとわかる。

☐ 5 　正解 ②

　ツアー料金の説明は4文目から始まり，The price is 70 dollars for tours up to one hourと述べられている。この "up to one hour" は「最大1時間まで」という意味で，1時間までのツアーは70ドルということになる。ハイキングにかかる時間は30分，つまり1時間以下であるので，空所 5 に入るのが70ドル，すなわち②となる。

☐ 6 　正解 ③　☐ 7 　正解 ③

　4文目の後半では，100 dollars for tours over 60 minutes up to 90 minutesとあり，60分より長く90分までのツアーは100ドルということがわかる。この60分より長く

90分までという時間の幅に入っているのがハイキングのコースBの空所　6　，そしてピクニックのコース D の　7　であり，これらのツアーが③の100ドルということになる。

8　　正解④

　放送文の最終文では，We charge 50 dollars for each additional hour「追加の1時間ごとに50ドルを頂戴しています」，とありそれはover 90 minutes，つまりツアーが90分よりも長い場合は1時間ごとに50ドルの追加ということである。山登りのコースEの120分は90分よりも30分長いが，1時間以内の延長であるために，50ドルが追加されるので，空所　8　は100 + 50 = 150ドルということになり，④が正解。値段を聞き取る問題ではこのように，特定の条件で追加の料金が発生する場合が多いので注意しよう。

　今回の設問も英文が放送される前に表には必ず目を通し，どこに注意して聞けば良いかを事前に確認すると解きやすいはずである。情報を聞き取る際には，1時間をone hour もしくは60 minutesと言ったり，30分をhalf an hour もしくは30 minutesと言ったり，いくつかバリエーションがあるので覚えておこう。

第4問　（配点　8）CEFR：A2 〜 B1 程度

A　**問1・問2**の2問です。話を聞き，それぞれの問いの答えとして最も適切なものを，選択肢のうちから選びなさい。**1回流します。**

問1　女の子が自身のボランティアの経験について話しています。話を聞き，その内容を表したイラスト（①〜④）を，聞こえてくる順番に並べなさい。

　1　→　2　→　3　→　4

①

②

③

④

問2 あなたはスポーツクラブでインターンをしています。ツアーの料金についての説明を聞き，下の表の四つの空欄 [5]～[8] にあてはめるのに最も適切なものを，五つの選択肢 (①～⑤) のうちから一つずつ選びなさい。<u>選択肢は2回以上使ってもかまいません。</u>

① $20   ② $30   ③ $50   ④ $60   ⑤ $70

Tour		Time (minutes)	Price
Water Skiing	Activity A	30	5
	Activity B	120	6
Swimming	Activity C	30	7
	Activity D	60	
Jet Skiing	Activity E	30	
	Activity F	90	8

〔 オリジナル問題 〕

問題番号	問1				問2			
解答欄	1	2	3	4	5	6	7	8
正解	②	④	③	①	③	⑤	①	④
配点	4*				1	1	1	1

＊は，全部を正しくマークしている場合のみ正解とする

問1　正解 [1] ②　[2] ④　[3] ③　[4] ①

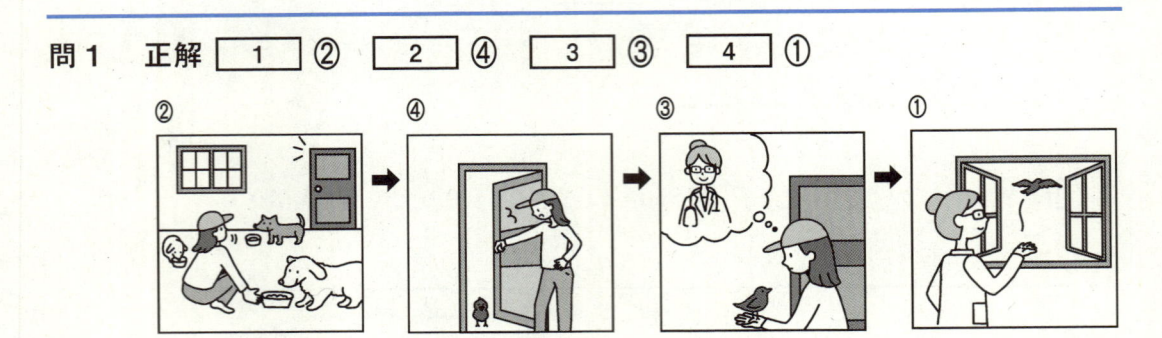

 放送文

¹ Last summer, I volunteered at an animal shelter. ² At the shelter, they take in injured animals and help them. ³ One day I was feeding the dogs when I heard something knocking on the front door. ⁴ I opened the door, and sitting in front of me was a bird with a hurt foot. ⁵ I was surprised. ⁶ How did it know to come to the shelter? ⁷ I quickly took the bird inside to see the animal doctor. ⁸ She said that it would need to stay in the shelter for a week. ⁹ One week later, the bird became well, so the doctor set it free.

 訳… 放送文

¹ 去年の夏，私は動物保護施設でボランティアをしました。² 保護施設では，ケガをした動物を引き取り助けます。³ ある日，犬に餌をあげていると，何かが玄関のドアを叩いているのが聞こえました。⁴ ドアを開けてみると，私の前にいたのは足をケガした鳥でした。⁵ 私は驚きました。⁶ 保護施設に来ることをどうやってわかったのでしょう？⁷ 獣医に見せるためすぐにその鳥を中に入れました。⁸ 1週間保護施設にいる必要があるだろうと彼女は言いました。⁹ 1週間後，その鳥は元気になったので，獣医はその鳥を放ちました。

 単語リスト

- ■ volunteer　動 ボランティアをする
- ■ take in　熟 ～を引き取る
- ■ foot　名 足
- ■ shelter　名 保護施設
- ■ injured　形 ケガをした
- ■ set *A* free　熟 *A* を放す

 解説

　英文が放送される前にすべてのイラストに目を通し，どのような単語や表現が使われるかを予想すると，聞き取るべきポイントが明確になり解きやすい。例えば②のイラストであれば，女性が犬に餌をあげているので "feed"「～に餌を与える」という動詞や，food / dog といった名詞が用いられるのではと予想しよう。また④では，女性がドアを開けているので open the door という表現が用いられるのではと予想できる。その上で英文を聞き，特徴的な単語や表現をとらえて，イラストを正しい順序に並べていこう。

　イラストについての説明は放送文3文目からで，3文目に I was feeding the dogs

「犬に餌をあげていた」とあり，その状況からイラスト②が最初とわかる。また，同じ文の後半にはwhen I heard something knocking on the front door「何かが玄関のドアを叩いているのが聞こえました」とあるので，そのことからも②が1番目に来ることがはっきりする。

次に4文目ではI opened the door「ドアを開けてみると」とあるので，ドアを開けている④が2番目のイラストとわかる。ちなみに4文目後半のsitting in front of me was a bird with a hurt footの部分は，もともとはa bird with a hurt foot was sitting in front of meで，主語とwas以降の位置が入れ替わる倒置が起こっている。

次に7文目のquickly took the bird inside to see the animal doctor「獣医に見せるためすぐにその鳥を中に入れました」から，獣医を想像している③が3番目に来るイラストだとわかる。最後に最終文にOne week later, the bird became well「1週間後，その鳥は元気になった」とあり，続いてthe doctor set it free「獣医はその鳥を放ちました」とある。ここでのitは鳥を指すので，鳥が羽ばたいていく様子を表している①が最後に来るイラストだとわかる。

イラストを並べ変える問題では，話の大筋をつかむことが何よりも大切なので，イラストには直接関係がない英文に惑わされないようにしよう。今回の放送文では，6文目では保護施設に来た鳥に対して，How did it know to come to the shelter?「保護施設に来るべきだとどうやってわかったのでしょう？」と述べられているが，この情報は話の大筋には関係ない。設問に答えるために必要な情報を取捨選択できるようになろう。

第3回 第4問 A

問2 正解 　5　③　　6　⑤　　7　①　　8　④

放送文

[1] Here is the list of our watersport activities. [2] Could you fill in the missing information for me? [3] So, the price depends on how long they spend doing the activity. [4] All activities cost 20 dollars up to one hour and 10 dollars every 30 minutes after that. [5] But, if the activity uses any equipment, then there is an additional rental price of 30 dollars.

放送文の訳

[1] これは当店のウォータースポーツの活動のリストです。[2] 情報がもれている箇所を記入してもらえますか？ [3] それで，料金は活動にどれくらいの時間がかかるかによります。[4] 活動はどれも最大1時間までが20ドル，それ以降は30分ごとに10ドルかかります。[5] でも，その活動で用具を使用する場合，30ドルの追加レンタル料がかかります。

単語リスト

■ watersport	名 ウォータースポーツ	■ fill in A	熟 Aを記入する
■ up to	熟 （最大）～まで	■ equipment	名 用具
■ rental	形 レンタルの		

Tour ツアー		Time (minutes) 時間（分）	Price 価格
Water Skiing 水上スキー 	Activity A 活動A	30	5
	Activity B 活動B	120	6
Swimming 水泳	Activity C 活動C	30	7
	Activity D 活動D	60	
Jet Skiing ジェットスキー	Activity E 活動 E	30	
	Activity F 活動 F	90	8

① $20　20 ドル

② $30　30 ドル

③ $50　50 ドル

④ $60　60 ドル

⑤ $70　70 ドル

　英文が放送される前に，ツアーの表に目を通し，聞くべきところを押さえよう。表に目を通すと，今回はツアーの値段を聞き取ることがポイントとわかる。ツアーの種類はWater Skiing, Swimming, Jet Skiingの3種類で，それぞれに時間の違う2つのコースが設けられている。そのことから，ツアー時間の長さに応じて料金が変わってくると予想できる。したがって，「ツアーの種類＋時間＋料金」をセットにして聞き取るべきとわかる。

　ツアー料金の説明は4文目と5文目で，4文目前半にAll activities cost 20 dollars up to one hour「活動はどれも最大1時間までが20ドルかかります」とある。"up to 〜" は「（最大）〜まで」という意味である。4文目後半には10 dollars every 30 minutes after that「それ以降は30分ごとに10ドル」と述べられている。このthatは

直前のone hourを指すので，1時間を過ぎると30分ごとに10ドル追加されることがわかる。さらに最終文で，if the activity uses any equipment, then there is an additional rental price of 30 dollars「その活動で用具を使用する場合，30ドルの追加レンタル料がかかります」と述べられている。したがって，価格を決定する条件は次の3つとわかる。

> ⑦ 最初の1時間は20ドル
> ① 1時間を過ぎると30分ごとに10ドル追加
> ⑰ 用具を使用する場合はさらに30ドル追加

⑦～⑰の条件から，

5　　正解③

「水上スキー・活動A」は30分（20ドル）で用具を使用（30ドル）なので合わせて50ドルとなり，③が入る。

6　　正解⑤

「水上スキー・活動B」は120分なので，1時間の追加料金（20ドル）がかかるため，最初の1時間（20ドル）と合わせて40ドル。さらに，用具を使用するため30ドル追加となり，合計70ドルで，⑤が入る。

7　　正解①

「水泳・活動C」は最初の1時間にかかる20ドルのみなので，①が入る。

8　　正解④

「ジェットスキー・活動F」は90分なので，追加料金が10ドルかかり，最初の1時間と合わせて30ドル。さらに，用具を使用するので30ドル追加となり，合計60ドルで，④が入る。

値段を聞き取る問題では今回のように，特定の条件下（用具の使用など）で追加料金が発生し，それを聞き取らせる問題が多いので注意しよう。

Part

6

複数の情報から条件に合う選択肢を選ぶ

CEFR：B1 程度

回	出典	問題の概要	放送文の語数※	小問	得点
第 1 回	2017 年試行調査第 4 問 B	四人のボランティアスタッフ応募者の自己紹介から，最も条件に合う人を選ぶ。	182 words	1 問	/3
第 2 回	2018 年試行調査第 4 問 B	四人の先輩から寮についての説明を聞き，最も状況と条件に合う寮を選ぶ。	167 words	1 問	/4
第 3 回	オリジナル問題	四人の留学アドバイザーからの説明を聞き，最も状況と条件に合う留学先を選ぶ。	203 words	1 問	/4

※問題文の語数は含まない。

第4問 （配点　3）CEFR：B1 程度

B 　問1の1問です。四人の英語を聞き，問いの答えとして最も適切なものを，四つの選択肢（①〜④）のうちから一つ選びなさい。下の表を使ってメモを取ってもかまいません。**1回流します。**

> **状況**
> 日本の観光案内所で外国人観光客を案内する高校生ボランティアスタッフを1名募集しました。その結果，複数の応募があったため，以下のような条件に沿って選ぶことにしました。
>
> **条件**
> ・観光案内や通訳をしたことのある人。
> ・外国人観光客に対応できる英語力（中級から上級）のある人。
> ・週末の午後1時から5時まで参加できる人。

メモ

Candidates	Experience	English level	Schedule
Akiko KONDO			
Hiroshi MIURA			
Keiko SATO			
Masato TANAKA			

問 1 四人の応募者の録音された自己紹介を聞き，最も条件に合う人物を選びなさい。 | 1 |

① Akiko KONDO

② Hiroshi MIURA

③ Keiko SATO

④ Masato TANAKA

〔 2017年試行調査 〕

問題番号	問 1
解答欄	1
正解	③
配点	3

問1　1　正解 ③

1. ¹Hello, this is Akiko speaking. ²I, um, I just started studying English hard. ³I want to, uh, improve my speaking skills. ⁴I like, uh, I want to practice with people from foreign countries. ⁵This job is perfect for that. ⁶I have a part-time job on Sunday evenings. ⁷Thank you!

2. ¹Hi, I'm Hiroshi, but my friends call me "Hiro." ²I lived in Canada for 3 years and I'm pretty fluent in English. ³Currently, I work as an interpreter on weekends. ⁴I'd love to help out! ⁵Please let me know if you need any other information. ⁶Thanks. ⁷Bye!

3. ¹Good morning. ²This is Keiko. ³I was an exchange student in Australia for a year and I'm a volunteer guide for foreign visitors at my school. ⁴I'm available most days, but Wednesday evenings I've got band practice. ⁵Thank you for your time. ⁶Bye.

4. ¹Hi, my name's Masato. ²My English is good, but it will be my first time doing a volunteer work using English. ³I'm applying because I hope to gain that kind of experience. ⁴I'm free on most weekdays except for Thursdays. ⁵Please consider me for this position! ⁶Goodbye.

1. ¹こんにちは，私はアキコです。²私，ええと，私は英語をがんばって勉強し始めたばかりです。³私は，ええと，会話の能力を向上させたいと思っています。⁴私は外国から来た人々と練習をするのが好き，いえ，したいと思っています。⁵この仕事はその点で完璧です。⁶私は日曜日の夜にアルバイトをしています。⁷ありがとうございました！

2. ¹こんにちは，私はヒロシですが，友人は私を「ヒロ」と呼びます。²私はカナダに3年間住んでいたことがあり，私は英語をかなり流ちょうに話します。³現在，私は週末に通訳として働いています。⁴ぜひお手伝いさせてください！ ⁵他に何か情報が必要であれば，お知らせください。⁶ありがとうございます。⁷では！

3. ¹おはようございます。²ケイコです。³私はオーストラリアで1年間交換留学生をしていましたし，学校では海外からの旅行者に対してボランティアのガイドをしています。⁴ほとんどの日が空いていますが，水曜日の夜にはバンドの練習があります。⁵お時間をいただきありがとうございました。⁶では。

4. ¹こんにちは，私の名前はマサトです。²私は英語が得意ですが，英語を使ったボランティアの仕事は初めてです。³このような経験を積みたいと思い，応募しています。⁴木曜日を除いて，ほとんどの平日は空いています。⁵この仕事に私を採用していただくようご一考ください！ ⁶失礼します。

Candidates 応募者	Experience 経験	English level 英語力	Schedule 予定
Akiko KONDO			
Hiroshi MIURA			
Keiko SATO			
Masato TANAKA			

問1　四人の応募者の録音された自己紹介を聞き，最も条件に合う人物を選びなさい。　| 1 |

① Akiko KONDO
② Hiroshi MIURA
③ Keiko SATO
④ Masato TANAKA

■ part-time job　複 アルバイト　　■ fluent　　　形 流ちょうな
■ currently　　　副 現在（は）　　■ interpreter　名 通訳者
■ available　　　形 利用可能な　　■ gain　　　　動 を得る

　問題文で提示された条件と応募者の自己紹介を照らし合わせながら，適切な人物を選択する問題。英文が読まれる前に必ず問題文の条件をチェックしよう。今回の設問では条件は3つ与えられている。

条件
㋐Experience　　　観光案内や通訳をしたことのある人。
㋑English level　　外国人観光客に対応できる英語力（中級から上級）のある人。
㋒Schedule　　　　週末の午後1時から5時まで参加できる人。

　英文を聞く際は，候補者が条件㋐～㋒を満たしているかどうかを確認し，メモに印を記入しながら聞こう。その際は，

○…条件にあてはまる
×…条件にあてはまらない
△…述べられていない（不明）

という記号を使っていきます。×や△がある候補者は正解ではないので外そう。また，候補者が条件について㋐～㋒の順番で述べるとは限らないので，順番が変わっても聞き逃すことのないようにしよう。

① Akiko KONDO

1人目はAkiko。Akikoは2文目でI just started studying English hard「私は英語をがんばって勉強し始めたばかりです」と述べている。just startedということは英語力は初級ということなので，彼女は条件④の「英語のレベル中級〜上級」を満たしていない。この時点でAkikoは候補者から外れるが，念のため他の条件についても確認しよう。彼女は観光案内や通訳については触れていない（初級の英語力では通訳はできないと類推できるので×でも良い）。また，条件⑦のScheduleについては6文目 I have a part-time job on Sunday evenings「日曜日の夜にアルバイトをしています」と述べているが，そもそも彼女が言う夜とは何時を指すのかが不明のため，これも「述べられていない（不明）」と判断して，△としておく。

Candidates	Experience	English level	Schedule
Akiko KONDO	△（×）	×	△

② Hiroshi MIURA

2人目は，Hiroshi。彼は2文目でI lived in Canada for 3 years and I'm pretty fluent in English「私は3年間カナダに住んでいたことがあり，私は英語をかなり流ちょうに話します」と述べているので，条件④のEnglish levelの条件は○。また，3文目のCurrently, I work as an interpreter on weekends「現在，私は週末に通訳として働いています」という発言から条件⑦のExperienceも○である。しかし，条件⑦のScheduleに関することは「週末に」としか述べていないので「述べられていない（不明）」の△とする。

Candidates	Experience	English level	Schedule
Hiroshi MIURA	○	○	△

③ Keiko SATO

3人目はKeiko。3文目の前半で彼女はI was an exchange student in Australia for a year「私はオーストラリアで1年間交換留学をしていました」と述べているので条件④のEnglish levelは○としてよい。また3文目の後半では I'm a volunteer guide for foreign visitors「海外からの旅行者に対してボランティアのガイドをしています」と述べているので条件⑦のExperienceも○。また，4文目のI'm available most days, but Wednesday evenings I've got band practice「ほとんどの日が空いていますが，水曜日の夜にはバンドの練習があります」という内容から週末は時間がとれるとわかるので，条件⑦のScheduleも○。したがって正解はKeikoである。

Candidates	Experience	English level	Schedule
Keiko SATO	○	○	○

④ Masato TANAKA

　4人目のMasatoについても確認しよう。彼は2文目の前半で，My English is good「私は英語が得意です」と述べているので条件①のEnglish levelは○だが，続いて but it will be my first time doing a volunteer work using English「英語を使ったボランティアの仕事は初めてです」と述べているため，条件⑦のExperience は✕。また条件⑦のScheduleに関しては4文目 I'm free on most weekdays except for Thursdays「木曜日を除いて，ほとんどの平日は空いています」と平日の予定しか述べていないため週末の予定に関しては述べられていない。したがって条件⑦のScheduleは△となる。

Candidates	Experience	English level	Schedule
Masato TANAKA	✕	○	△

第4問 （配点 4） CEFR：B1 程度

B 問1の1問です。四人の説明を聞き，問いの答えとして最も適切なものを，選択肢のうちから選びなさい。メモを取るのに下の表を使ってもかまいません。**1回流します。**

状況

　あなたは大学に入学した後に住むための寮を選んでいます。寮を選ぶにあたり，あなたが考えている条件は以下のとおりです。

条件

A．同じ寮の人たちと交流できる共用スペースがある。

B．各部屋にバスルームがある。

C．個室である。

		A. Common space	B. Private bathroom	C. Individual room
①	Adams Hall			
②	Kennedy Hall			
③	Nelson Hall			
④	Washington Hall			

問 1 先輩四人が自分の住んでいる寮について説明するのを聞き，左の条件に最も合う寮を，四つの選択肢（①～④）のうちから一つ選びなさい。 ⬚ 1 ⬚

① Adams Hall

② Kennedy Hall

③ Nelson Hall

④ Washington Hall

〔 2018年試行調査 〕

第4問 B

問題番号	問 1
解答欄	1
正解	④
配点	4

問 1　　1　　正解 ④

1. [1] You'd love Adams Hall. [2] It's got a big recreation room, and we have parties there every weekend. [3] You can also concentrate on your studies because everyone gets their own room. [4] The bathrooms are shared, though.

2. [1] I recommend Kennedy Hall. [2] All the rooms are shared, and the common area is huge, so we always spend time there playing board games. [3] There's a bathroom in every room, which is another thing I like about my hall.

3. [1] I live in Nelson Hall. [2] There are private rooms, but only for the seniors. [3] So, you'll be given a shared room with no bathroom. [4] My favorite place is the common kitchen. [5] We enjoy sharing recipes from different countries with each other.

4. [1] You should come to Washington Hall. [2] The large living room allows you to spend a great amount of time with your friends. [3] Each room has a bathroom. [4] Some rooms are for individual students, and, if you apply in advance, you will surely get one of those.

1. [1] アダムス寮を気に入ると思いますよ。[2] 大きな娯楽室があって，私たちは毎週末にそこでパーティを開いています。[3] 全員個室があるので，勉強にも集中できます。[4] バスルームは共用ですが。

2. [1] ケネディ寮をおすすめします。[2] すべての部屋が相部屋で，共用エリアは大きいので，私たちはいつもそこでボードゲームをして過ごしています。[3] 各部屋にバスルームがあり，それは私がこの寮について気に入っているもう一つのことです。

3. [1] 私はネルソン寮に住んでいます。[2] 個室はありますが，上級生専用です。[3] ですから，あなたにはバスルームのない相部屋が与えられるでしょう。[4] 私のお気に入りの場所は，共用キッチンです。[5] 私たちはお互いに，様々な国のレシピをシェアして楽しんでいます。

4. [1] ワシントン寮に来てください。[2] 大きなリビングでは友達ととても多くの時間を過ごすことができます。[3] それぞれの部屋にはバスルームがあります。[4] 個人の生徒用の部屋もいくつかあり，事前に申し込んでおけば，確実にそのうちの一つを確保できるでしょう。

	A. Common space 共用エリア	B. Private bathroom 個別のバスルーム	C. Individual room 個室
① Adams Hall アダムス寮			
② Kennedy Hall ケネディ寮			
③ Nelson Hall ネルソン寮			
④ Washington Hall ワシントン寮			

- ■ recreation 　名 娯楽
- ■ recipe 　名 レシピ
- ■ in advance 　熟 前もって
- ■ huge 　形 巨大な
- ■ individual 　形 個々の

　英文が放送される前に状況と条件に目を通しておこう。特に，条件 ABC に関しては，情報を聞き取る際の重要なヒントとなるため，確実におさえよう。この条件は設問の下にメモ欄が与えられており，A が Common space，B が Private bathroom，C が Individual room となっている。それぞれの寮の説明を聞きながら，該当する条件にあてはまる場合には〇，あてはまらない場合には×など，印を付けながら聞いていこう。また ABC の条件が，必ずしも説明の中で ABC の順番で出てくるわけではないので，どの順番で出てきても対応できるようにしておこう。

① Adams Hall に関しては，2 文目で，a big recreation room「大きな娯楽室」や have parties「パーティを開いています」とあるので，A の交流できる共用エリアという条件はクリアしているということになる。また 3 文目では，everyone gets their own room「全員個室がある」とあり，この own room というのが Individual room のことなので，条件 C もクリアしている。しかし最終文では，bathrooms are shared「バスルームは共用」と言われているので，Private bathroom の条件 B がクリアできていないため不適切。

	A. Common space	B. Private bathroom	C. Individual room
① Adams Hall	〇	×	〇

② Kennedy Hallに関しては，2文目でAll the rooms are shared「すべての部屋が相部屋」と述べられているので，条件 CのIndividual roomにはあてはまらない。この時点でKennedy Hallは不正解となる。ちなみに，2文目でthe common area is huge「共用エリアは大きい」とあり，3文目でThere's a bathroom in every room「各部屋にバスルームがあり」とあるので，条件AとBには〇印が付く。

	A. Common space	B. Private bathroom	C. Individual room
② Kennedy Hall	〇	〇	×

③ Nelson Hallについては，2文目でprivate rooms「個室」という表現が使われており，これはindividual roomと同じ意味だが，それらはonly for the seniors「上級生専用」である。今回の状況にある「大学に入学した後に（1年生で）住む寮」という観点からすると individual roomがもらえるのが上級生になってからでは条件に合わない。この時点で不正解だが，3文目のa shared room with no bathroom「バスルームのない相部屋」という表現から，個人用のバスルームもないと予想されるので，やはり③は条件に合わない。ちなみに，4文目でthe common kitchen「共用キッチン」と，共用エリアについて述べているので，条件Aのみあてはまっている。

	A. Common space	B. Private bathroom	C. Individual room
③ Nelson Hall	〇	×	△（上級生のみ）

④ Washington Hallに関しては，2文目でThe large living room allows you to spend a great amount of time with your friends「大きなリビングでは友達ととても多くの時間を過ごすことができます」とあり，このThe large living roomが共用エリア，つまりCommon spaceとなるので，共用エリアに関する条件はクリアしている。次に3文目では，Each room has a bathroom「それぞれの部屋にはバスルームがあります」とあるので，BのPrivate bathroomの条件もクリアしている。そして4文目でSome rooms are for individual students「個人の生徒用の部屋もいくつかあり」，if you apply in advance「事前に申し込んでおけば」，の後にget oneと述べられている。このoneはa room for individual students「個室」のことを指しているので，事前に申し込めば個室を得られるとわかる。したがってWashington Hallがすべての条件を満たしているので，④が正解となる。

	A. Common space	B. Private bathroom	C. Individual room
④ Washington Hall	〇	〇	〇

　ちなみに④では条件のCommon spaceという表現が，The large living room allows you to spend a great amount of time with your friendsと説明されており，Private bathroom「私的なバスルーム」というのは，Each room has a bathroomと言い換えられており，Individual roomはSome rooms are for individual studentsと述べられている。条件のメモ欄にある単語や表現がそのまま使われずに，説明されたり，言い換えられたりしていることに注意して英文を聞くことが大切である。

第4問 （配点　4）CEFR：B1 程度

B 　問1の1問です。四人の英語を聞き，問いの答えとして最も適切なものを，選択肢のうちから選びなさい。メモを取るのに下の表を使ってもかまいません。**1回流します。**

> **状況**
>
> 　あなたは一年間の留学先を探しています。大学を選ぶにあたり，あなたが考えている条件は以下のとおりです。
>
> **条件**
>
> A．世界中から留学生が集まっている。
> B．温暖な気候である。
> C．他の学生と交流できるイベントが多くある。

メモ

	A. International	B. Mild climate	C. Social events
① Cancun	✕	◯	◯
② Beijing	◯	◯	◯
③ Lisbon	✕	◯	
④ San Diego	◯	◯	◯

問 1 四人の留学アドバイザーがそれぞれの国の留学先について説明するのを聞き，左の条件に最も合う留学先を，四つの選択肢 $(①～④)$ のうちから一つ選びなさい。 $\boxed{1}$

① Cancun
② Beijing
③ Lisbon
④ San Diego

問題番号	問 1
解答欄	1
正解	④
配点	4

問1　1　正解 ④

1. ¹You would love Cancun in Mexico! ²I'm sure you already know that the weather there is fantastic! ³It gets boiling during the summer. ⁴I love it! ⁵There are always school events happening. ⁶The students are almost completely Mexican, so you learn the local language quickly!

2. ¹I'd recommend moving to Beijing. ²There are more international students than you might think. ³It's really international. ⁴It does get a bit chilly in the winter, but it's always warm inside, right? ⁵Because the universities are so big, there are always interesting events happening too.

3. ¹Have you thought about Lisbon in Portugal? ²The weather is really pleasant all year, and the people there are so friendly! ³The international students don't know how good it is yet! ⁴Don't tell anyone! ⁵Oh, and the Portuguese love to go out and have a good time!

4. ¹You should study in San Diego! ²It's on the Pacific coast of southern California. ³It's famous for its friendly and outgoing culture, and so there is always some social event at the university. ⁴Also, because of its location, you get students from all around the world studying there. ⁵I'm guessing you already know about the beautiful weather- not too hot, not too cold.

1. ¹メキシコのカンクンを大好きになるでしょう！²カンクンの天気は最高だと，もうすでにご存知でいらっしゃると思いますが！³夏の間はかなり暑くなります。⁴私はそれが大好きです！⁵いつも学校行事が催されています。⁶学生はほぼメキシコ人なので，現地の言葉をすぐに学べます！

2. ¹北京へ引っ越すことをおすすめします。²皆さんが想像するよりきっと多くの留学生が学んでいます。³とても国際色豊かです。⁴冬は少し寒くなりますが，室内ならいつも暖かいですよね。⁵大学はとても大きいので，興味深いイベントも常に開催されています。

3. ¹ポルトガルのリスボンを考えてみたことはありますか？²天気は一年を通して本当に快適で，人々はとてもフレンドリーです！³留学生はリスボンがどんなに良いかまだ知らないでしょう！⁴誰にも言わないでください！⁵あ，それからポルトガル人は外に出て楽しむのが大好きです！

4. ¹サンディエゴで学ぶべきです！²南カリフォルニアの太平洋沿岸に位置しています。³フレンドリーさと社交的な文化でよく知られ，そのため大学ではいつも何かしらの交流イベントがあります。⁴また，その立地から，世界中から学びに来た学生に出会えます。⁵暑すぎず寒すぎない素晴らしい天気については皆さんすでにご存知のことでしょう。

問題文

	A. International 国際的	B. Mild climate 温暖な気候	C. Social events 交流イベント
① Cancun カンクン			
② Beijing 北京			
③ Lisbon リスボン			
④ San Diego サンディエゴ			

四人の留学アドバイザーがそれぞれの国の留学先について説明するのを聞き，上の条件に最も合う留学先を，四つの選択肢（①〜④）のうちから一つ選びなさい。

① Cancun　　　　　カンクン　　　　③ Lisbon　　　リスボン
② Beijing　　　　　北京　　　　　　④ San Diego　サンディエゴ

単語リスト

■ boiling 形 ひどく暑い　■ completely 副 完全に　■ recommend 動 をすすめる
■ chilly 形 うすら寒い　■ friendly 形 親しみやすい
■ go out 熟 外出する　■ Pacific 形 太平洋の　■ southern 形 南の
■ outgoing 形 社交的な　■ location 名 立地

解説

　英文が放送される前に状況と条件に目を通しておこう。特に，条件 ABC は設問に答える根拠になるため，確実におさえよう。各条件は表になっているため，それぞれの都市の説明を聞きながら，該当する条件のところにあてはまる場合は○，あてはまらない場合は×など，印を付けながら聞いていこう。またABCの条件が，必ずしも説明の中でABCの順番で出てくるわけではないので，どの順番で出てきても対応できるようにしておこう。

　① Cancunに関しては，３文目のIt gets boiling「かなり暑くなります」が，Bの温暖な気候という条件にあてはまっていないとわかる。この時点でCancunは不適切だが，最終文のThe students are almost completely Mexican「学生はほぼメキシコ人」からもAの国際的という条件にあてはまらないため，やはり確実に不適切である。ちなみに，Cancunは5文目のThere are always school events happening「いつも学校行事が催されています」から，Cの交流イベントの条件のみあてはまっている。

	A. International	B. Mild climate	C. Social events
① Cancun	×	×	○

② Beijing に関しては 3 文目の It's really international「とても国際色豊かです」や最終文の there are always interesting events happening too「興味深いイベントも常に開催されています」から A の国際的と C の交流イベントの条件にはあてはまる。しかし，4 文目の It does get a bit chilly in the winter「冬は少し寒くなります」から温暖な気候という条件 B にあてはまらないので不適切。

	A. International	B. Mild climate	C. Social events
② Beijing	○	×	○

③ Lisbon に関しては 2 文目の The weather is really pleasant all year「天気は一年を通して本当に快適で」という表現から，条件 B の温暖な気候にあてはまるとわかる。しかし，3 文目の The international students don't know how good it is yet「留学生はリスボンがどんなに良いかまだ知らない」から，留学生に知られていない，つまり世界中から留学生が集まってるとは思われないので，条件 A にあてはまらない。また，イベントに関しては述べられていないので，交流イベントの条件 C にあてはまらず不適切。

	A. International	B. Mild climate	C. Social events
③ Lisbon	×	○	×

④ 最後に San Diego に関しては，3 文目の there is always some social event at the university「大学ではいつも何かしらの交流イベントがあります」から C の交流イベントの条件にあてはまるとわかる。また，4 文目の you get students from all around the world studying there「世界中から学びに来た学生に出会えます」から A の国際的の条件にもあてはまる。さらに最終文からは，天気に関して not too hot, not too cold「暑すぎず寒すぎない」と述べられているので，B の温暖な気候の条件にもあてはまる。したがって San Diego が正解となる。ちなみに，San Diego の説明では，条件 A の International という表現が，you get students from all around the world「世界中から学びに来た学生に出会えます」と言い換えられ，条件 B の Mild Climate という表現は not too hot, not too cold「暑すぎず寒すぎない」と言い換えられている。条件のメモ欄にある単語や表現がそのまま使われずに，言い換えられたり，順番が変えられたりしていることに注意して英文を聞くようにしよう。

	A. International	B. Mild climate	C. Social events
④ San Diego	○	○	○

Part
7

講義を聞いて
ワークシートを埋める

CEFR：B1 程度

回	出典	問題の概要	放送文の語数※	小問	得点
第1回	2017年 試行調査 第5問	服と環境の関わりについての講義を聞いて，ワークシートの穴埋めをして，要点を把握する。	254 words	4問	/16
第2回	2018年 試行調査 第5問	技術革新と未来の職業に関する講義を聞いて，ワークシートの穴埋めをして，要点を把握する。	258 words	2問	/20
第3回	オリジナル 問題	視力矯正に関する説明を聞いて，ワークシートの穴埋めをして，要点を把握する。	332 words	2問	/20

※問題文の語数は含まない。

第5問 （配点 16）CEFR：B1 程度

　問1から**問4**までの4問です。それぞれの問いの答えとして最も適切なものを，選択肢のうちから選びなさい。

〈 状況と問いを読む時間（約60秒）→**問1**～**問3**リスニング（**1回流します。**）→解答→**問4**リスニング（**1回流します。**）→解答 〉

状況

　アメリカの大学で，服と環境の関わりについて，講義を聞いています。

ワークシート

○Today: 80 billion new pieces of clothing

　　　↑　increased by 400%

　20 years ago

○Why? →(　　　　　**1**　　　　　)

○The life of cheaply-produced clothing—avg. 2. 2 years

○The environmental impact: **2**

Methods	Fibers	Impacts
burning	**A**	**X**
burying	non-natural	**Y** → earth
	B	methane during breakdown
	C	**Z**
		→ underground water

問1 ワークシートの空欄 1 を埋めるのに最も適切なものを，四つの選択肢
（①〜④）のうちから一つ選びなさい。

① carefully produced and expensive clothes

② cheaply produced and inexpensive clothes

③ poorly produced and short-lasting clothes

④ reasonably produced and long-lasting clothes

問2 ワークシートの表 2 の空欄A〜C及びX〜Zを埋めるのに最も適切な
語句はどれか。Fibers の空欄A〜Cのそれぞれにあてはまるものを二つの選
択肢（①と②）のうちから，Impacts の空欄X〜Zのそれぞれにあてはまるもの
を三つの選択肢（③〜⑤）のうちから選びなさい。①と②は2回以上使われる
ことがあります。

空欄A〜C：

① natural

② non-natural

空欄X〜Z：

③ chemicals used in production

④ many years to break down

⑤ CO_2 in the air

〔 2017年試行調査 〕

問3　講義で話されていると考えられる主張はどれか，四つの選択肢(①〜④)の
うちから一つ選びなさい。　　3

① Cotton clothes are better because they produce less CO_2 and are more easily broken down than polyester clothes.

② It is better to burn textile waste than to bury it underground because harmful chemicals can damage the earth.

③ Many clothes are not recycled or reused, so buying clothing wisely could contribute to protecting the environment.

④ We should avoid buying unnecessary clothing because chemicals are used during the production process.

問4 講義の続きを聞いて以下の図表から読み取れる情報と，先の講義の内容を総合して，どのようなことが示唆されるか，四つの選択肢（①～④）のうちから一つ選びなさい。　4

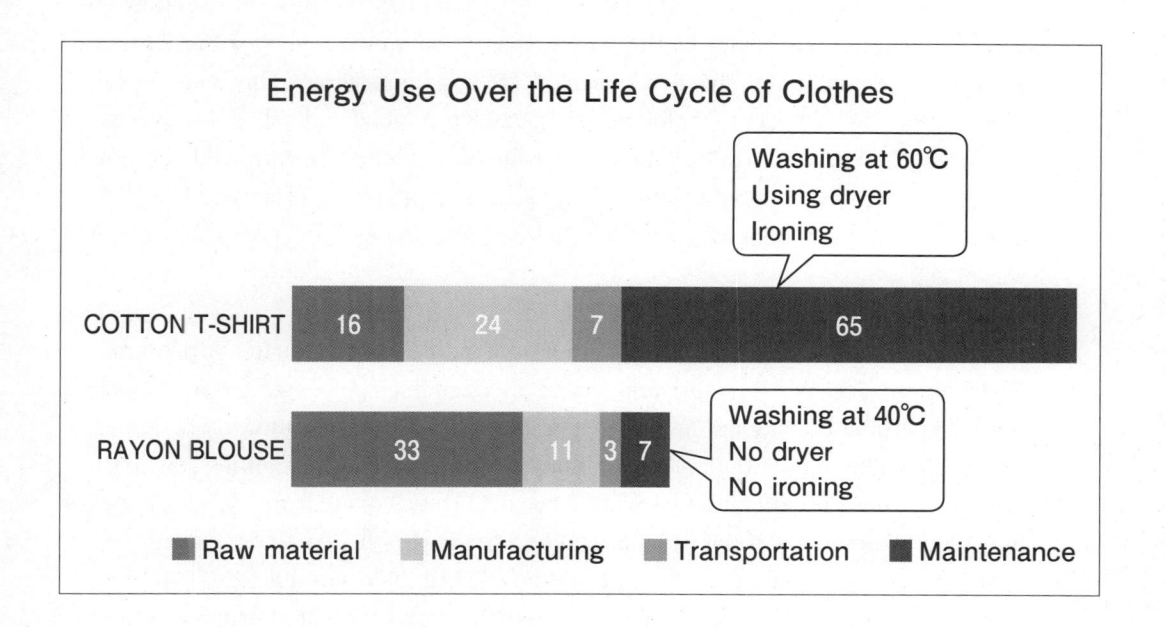

① Cotton T-shirts are better for the earth when they are made out of chemical-free fibers.

② It is important not only to think of what clothes to buy but how to take care of them.

③ Rayon blouses can be recycled and as a result, last longer than cotton T-shirts.

④ We should wear natural-fiber clothing as it is friendly to the environment.

問題番号	問 1	問 2						問 3	問 4
解答欄	1	A	B	C	X	Y	Z	3	4
正解	②	②	①	①	⑤	④	③	③	②
配点	4	4*						4	4

＊は，全部を正しくマークしている場合のみ正解とする

問 1 ～ 3

[1]¹Do you like buying new clothes? ²Today I'm going to talk about clothing and its connection to the environmental crisis we are facing now. ³Worldwide, we consume about 80 billion items of new clothing each year. ⁴That number is 400% higher than what we were consuming two decades ago. ⁵Do you know why? ⁶This increase is closely related to the fact that clothes are cheaply produced and sold at low prices. ⁷How long do you wear your clothes? ⁸The life of such cheaply produced clothing is, on average, 2.2 years. ⁹Some clothing stores are trying hard to reuse or recycle the clothes. ¹⁰But unfortunately, tons of clothes still end up being burned or buried as waste.

[2]¹Burning or burying such a large amount of textile waste adds to our present environmental crisis. ²Burning non-natural fibers such as polyester and nylon can produce air pollution including a huge amount of CO_2. ³Burying unwanted clothes also causes a lot of pollution. ⁴Do you know how long the buried clothes stay in the ground? ⁵Those non-natural fibers are basically plastics made from oil, which means they could take up to a thousand years to become part of the earth once again. ⁶In contrast, natural fibers like cotton and silk go back to the earth quickly. ⁷However, they produce greenhouse gases, such as methane, as they break down under the ground. ⁸In addition, chemicals may have been used to dye or bleach those natural fibers, and the remaining chemicals can eventually reach underground water.

[1]¹新しい服を買うのは好きですか？²本日は，衣類と私たちが現在直面している環境危機との関係についてお話ししていきます。³世界中で，私たちは年間約800億点の新しい衣類を消費しています。⁴この数字は，20年前に私たちが消費していた数字より400%高いのです。⁵なぜかわかりますか？⁶この増加は，服が安価に生産され，低価格で売られているという事実と密接に関係しています。⁷どのくらいの間，あなたは自分の服を着ていますか？⁸とても安く生産された衣類の寿命は，平均して，2.2年です。⁹服を再利用やリサイクルしようと懸命に努力している衣料品店もあります。¹⁰しかし，残念なことに，大量の服はいまだに，結局ゴミとして焼却されるか埋められているのです。

[2]¹そのような大量の繊維くずを燃やしたり埋めたりすることは，現在の環境危機を増大させています。²ポリエステルやナイロンといった天然ではない繊維を燃やすと，膨大な量の二酸化炭素を含む大気汚染物質を生み出してしまう可能性があります。³いらない服を埋めることもまた，多くの汚染を引き起こします。⁴埋められた服がどのくらい地中にとどまるかご存知ですか？⁵それらの天然でない繊維は基本的に石油から作られたプラスチックで，このことは繊維がもう一度土壌の一部になるのに最長1,000年かかる可能性があるということを意味しています。⁶対照的に，綿や絹

のような天然繊維は，すぐに土へと還ります。[7] しかしながら，それらは地中で分解される際に，メタンなどの温室効果ガスを生じさせます。[8] さらに，それらの天然繊維を染めたり漂白したりするのに化学薬品が使われたかもしれず，残存した化学薬品が最終的に地下水に到達する可能性もあります。

単語リスト

[1]

■ connection	名 関係	■ environmental	形 環境の	■ crisis	名 危機
■ consume	動 を消費する	■ billion	名 10 億	■ clothing	名 衣類
■ decade	名 10 年間	■ related	形 関係のある	■ tons of	熟 大量の〜
■ end up	熟 結局〜になる				

[2]

■ textile	名 布地	■ waste	名 くず	■ present	形 現在の
■ fiber	名 繊維	■ polyester	名 ポリエステル	■ nylon	名 ナイロン
■ huge	形 膨大な	■ amount	名 量		
■ take	動 (時間) がかかる			■ cotton	名 綿
■ silk	名 絹	■ unwanted	形 望まれない		
■ greenhouse gas	名 温室効果ガス			■ methane	名 メタン
■ dye	動 を染める	■ bleach	動 を漂白する	■ eventually	副 最後には

問 1   1   正解 ②

問題文

① carefully produced and expensive clothes ……… 丁寧に生産された高価な服
② cheaply produced and inexpensive clothes ……… 安く生産された安価な服
③ poorly produced and short-lasting clothes ……… 粗末に生産された長持ちしない服
④ reasonably produced and long-lasting clothes ……… 手ごろに生産された長持ちする服

> ○Today: 80 billion new pieces of clothing
> 　今日：800 億もの新しい服
> 　　　↑ increased by 400%
> 　　　　400% 増
> 　20 years ago
> 　20 年前
>
> ○Why?　→（　　　　1　　　　）
> 　なぜ？
>
> ○The life of cheaply-produced clothing— avg. 2.2 years
> 　安上がりに作られた服の寿命−平均 2.2 年

解説

　英文を聞きながら，ワークシートを埋めていくタイプのリスニングである。状況と問いを読むために与えられた約 60 秒で，ワークシートの概要を把握しながら聞き取るべきキーワードにチェックを入れよう。

　ワークシートの内容をおさえた上で，放送文を聞いていくと，3 文目で we consume about 80 billion items of new clothing each year「私たちは年間約 800 点

の新しい衣類を消費しています」と述べられ，ワークシートの80 billion new pieces of clothing「800億もの新しい服」の800億という数字は「消費される」服の数だとわかる。さらに，それは20年前に比べ400％増えているとワークシートに示されている。

放送文の5文目では400％も増えたことに対してDo you know why?と述べられており，その後に続く6文目が解答の根拠である。

6文目でThis increase is closely related to the fact that clothes are <u>cheaply produced and sold at low prices</u>「この増加は，服が安価に生産され，低価格で売られているという事実と密接に関連しています」と述べられており，この部分が選択肢②のcheaply produced and inexpensive clothesで示されている。本文のlow pricesが選択肢ではinexpensiveと言い換えられている。

問2 　2　　正解　A ②　　B ①　　C ①
　　　　　　　　　X ⑤　　Y ④　　Z ③

空欄 A ～ C ：

① natural　天然の　　　　② non-natural　天然でない

○ The environmental impact: 　2
　　環境への影響：

Methods 方法	Fibers 繊維	Impacts 影響
burning 燃やすこと	A ②	X ⑤
burying 埋めること	non-natural 天然でないもの	Y ④ → earth 土
	B ①	methane during breakdown 分解中にメタン
	C ①	Z ③ → underground water 地下水

空欄 X ～ Z ：

③ chemicals used in production　　　生産時に使用される化学薬品
④ many years to break down　　　　分解するためにかかる多くの年数
⑤ CO_2 in the air　　　　　　　　空気中の二酸化炭素

- -

ワークシートの後半を確認した上で問題に取り組もう。

表がある場合は聞くべきポイントを絞り込むヒントになりそうな「項目や構成要素」を事前に確認しよう。短くて特徴的な単語がヒントになることが多く，今回の表であればMethods「方法」・Fibers「繊維」，burning「燃やすこと」・burying「埋めること」，また，選択肢に与えられているnatural「天然の」・non-natural「天然で

ない」あたりがヒントになる。

A **X** 　burning「燃やすこと」ついてだが，どんな繊維（**A**）を燃やすと，どのような影響が出る（**X**）のか，については第2段落の2文目で，Burning non-natural fibers such as polyester and nylon can produce air pollution including a huge amount of CO_2「ポリエステルやナイロンといった天然ではない繊維を燃やすと，膨大な量の二酸化炭素を含む大気汚染物質を生み出してしまう可能性があります」と述べられている。よって，下線部から**A**には②non-naturalが入ることがわかる。また**X**に関しても**A**と同じ箇所が解答根拠となり，**X**には⑤CO_2 in the airが入るとわかる。第2段落2文目の内容をすべて聞き取り答えを出すことが理想だが，仮に部分的に聞き取れなかったとしてもburn／non-natural fibers／CO_2という単語をしっかり聞き取れれば正解を導けるはずである。

Y 　burying「埋めること」については，第2段落の3文目Burying unwanted clothes also causes a lot of pollution「いらない服を埋めることもまた，多くの汚染を引き起こします」以降で述べられる。

　5文目の，Those non-natural fibers are basically plastics made from oil, which means they could take up to a thousand years to become part of the earth once again「それらの天然ではない繊維は基本的に石油から作られたプラスチックで，このことは繊維がもう一度土壌の一部になるのに最長1,000年もかかる可能性があるということを意味しています」の下線部からnon-natural fibers「天然ではない繊維」は地球の一部になるのに最長1,000年も時間がかかることがわかる。a thousand yearsをmany yearsに言い換え，to become part of the earthをbreak down「分解される」に言い換えた，many years to break downが**Y**に入る。したがって正解は④。ちなみに，theyは直前のThose non-natural fibersを指している。

B 　第2段落6文目はIn contrast, natural fibers...と始まるので，ここからはnatural fiber「天然の繊維」の話になる。特に文頭がIn contrast「対照的に」で始まるので，non-naturalとnaturalの対比でこれ以降はnaturalの話になると気付くことがポイント。この対比に気付ければ**B**と**C**には①のnaturalが入る可能性が高いとわかる。しかし，**B**と**C**をより確実に正解するためには直後の7文目と8文目の内容を聞き取る必要がある。

　Bに関して，7文目ではHowever, they produce greenhouse gases, such as methane, as they break down under the ground「しかしながら，それらは地中で分解される際に，メタンなどの温室効果ガスを生じさせます」と述べられている。下線部のtheyは直前のnatural fibersを指しているので，"natural fibersはmethane「メタンガス」を生み出す"となり**B**には確実に①naturalが入る。

C **Z** 　ワークシート内に与えられたunderground water「地下水」という単語が解答を導き出すヒントになる。地下水については第2段落最終文でIn addition, chemicals may have been used to dye or bleach those natural fibers, and the remaining chemicals can eventually reach underground water「さらに，それらの天然繊維を染めたり漂白したりするのに化学物質が使われたかもしれず，残存した化学薬品が最終的に地下水に到達する可能性もあります」と述べられている。andの前にthose

第
1
回

第
5
問

natural fibers とあるため，この英文も natural fibers「天然の繊維」に関する内容とわかる。したがって　C　には①natural が入ることが確定である。ちなみに，those natural fibers の those とは 6 文目の cotton and silk を指している。

　　and 以下では，下線部の the remaining chemicals「残存した化学薬品」が地下水に到達すると述べられている。この chemicals は服を作る際に使用された薬品なので，選択肢③の chemicals used in production「生産時に使用される化学薬品」と同じである。したがって　Z　には③が入る。

問 3 　3　　正解 ③

① Cotton clothes are better because they produce less CO_2 and are more easily broken down than polyester clothes.
ポリエステルの服より，二酸化炭素を生み出す量が少なく，より簡単に分解されるため，綿の服の方が良い。

② It is better to burn textile waste than to bury it underground because harmful chemicals can damage the earth.
有害な化学薬品が土壌に損害を与える可能性があるため，繊維くずは地中に埋めるよりも燃やす方が良い。

③ Many clothes are not recycled or reused, so buying clothing wisely could contribute to protecting the environment.
多くの服はリサイクルも再利用もされないため，衣類を賢く買うことは環境を保護することに貢献するかもしれない。

④ We should avoid buying unnecessary clothing because chemicals are used during the production process.
製造過程で化学薬品が使用されるため，不要な衣類を買うことは避けるべきだ。

　　講義の主張についてですが，この講義は，

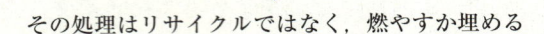

服の大量消費
⬇
その処理はリサイクルではなく，燃やすか埋める
⬇
天然でない繊維（polyester and nylon）でも，天然の繊維（cotton and silk）でも上記の処理では環境に害が出る

と展開していく。この流れをおさえておくと，

　　①は Cotton clothes are better の時点で不正解。cotton clothes は天然の繊維で作られた服の例だが，講義内容は天然の繊維でも，天然でない繊維と同様に環境に悪影響が出るということである。②も It is better to burn... と燃やすことを良しとしている時点で不正解とわかるが，そもそも燃やすことと埋めることを比べて燃やす方が良いという発言もない。正解は③で，選択肢前半の Many clothes are not recycled or reused「多くの服はリサイクルや再利用もされない」は第 1 段落の 9 文目と 10 文目 Some clothing stores are trying hard to reuse or recycle the clothes. But unfortunately, tons of clothes still end up being burned or buried as waste「服を再利用やリサイク

ルしようとしている店舗もあります。しかし，残念なことに大量の服はいまだに，結局ゴミとして焼却されるか埋められているのです」と合致している。選択肢③の後半 buying clothing wisely could contribute to protecting the environment「衣類を賢く買うことは環境を保護することに貢献する」について，講義では「服が大量消費され，それが環境に悪影響を与えている」という内容が述べられている。これは，「その消費行動を改めれば（衣類を賢く買えば），環境を保護することができる」ということなので，選択肢の後半も講義内容と一致している。また④について，「化学薬品が使用されるため，不要な衣類を買うことは避けるべきだ」とは述べられていない。講義内容の中心は化学物質が使われているか否かよりも，服が大量消費されるために引き起こされる環境問題である。

■ damage 　動 に損害を与える　　■ contribute to 　熟 〜に貢献する
■ protect 　動 を保護する　　　　■ process 　名 過程

問 4　　4　　正解 ②

[1] Now let's consider how much energy is used in the life cycle of clothing. [2] Look at this chart comparing a cotton T-shirt and a rayon blouse. [3] Although rayon looks like a non-natural material, it is actually made from wood pulp. [4] Notice the differences between these two types of natural-fiber clothes.

[1] それでは，衣類のライフサイクルにおいてどのくらいエネルギーが使われているかについて考えてみましょう。[2] 綿のＴシャツとレーヨンのブラウスを比較しているこのグラフをご覧ください。[3] レーヨンは非天然素材のように見えますが，実際には木材パルプでできています。[4] これら２種類の天然繊維の服の違いに注意しましょう。

① Cotton T-shirts are better for the earth when they are made out of chemical-free fibers.
　化学薬品を使用していない繊維から作られる場合，綿のＴシャツはより土壌に良い。

② It is important not only to think of what clothes to buy but how to take care of them.
　どの服を買うか考えるだけでなく，どのようにそれらを手入れするかを考えることも大切だ。

③ Rayon blouses can be recycled and as a result, last longer than cotton T-shirts.
　レーヨンのブラウスはリサイクルでき，その結果，綿のＴシャツより長持ちする。

④ We should wear natural-fiber clothing as it is friendly to the environment.
　環境に優しいため，天然繊維の服を着るべきだ。

　放送文が流される前に図表のタイトルと概要をおさえよう。タイトルは「服のライフサイクルに関するエネルギーの使用」で図表では，綿製のＴシャツとレーヨンのブラウスが比べられている。
　それをおさえた上で，放送された英文の最終文では Notice the differences between these two types of natural-fiber clothes「これら２種類の天然繊維の服の違いに注意しましょう」と述べている。この２種類とは図表にもある綿とレーヨンである。この２つの素材（繊維）における違いだが，図表から綿製の方が使われるエネルギー

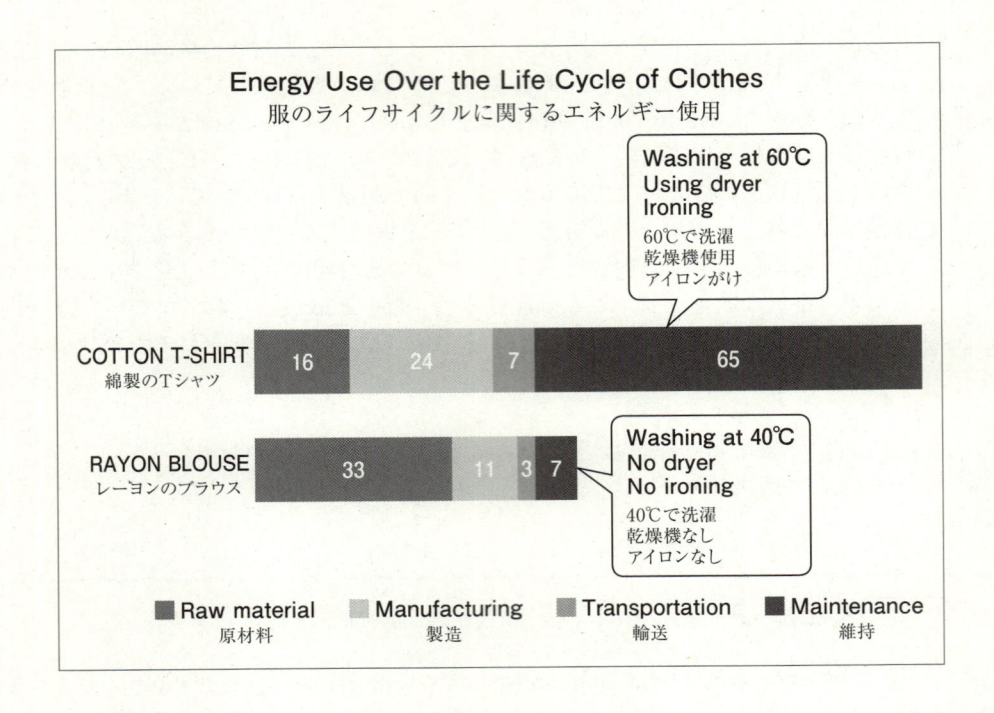

Energy Use Over the Life Cycle of Clothes
服のライフサイクルに関するエネルギー使用

Washing at 60℃
Using dryer
Ironing
60℃で洗濯
乾燥機使用
アイロンがけ

COTTON T-SHIRT
綿製のTシャツ
16　24　7　65

RAYON BLOUSE
レーヨンのブラウス
33　11　3　7

Washing at 40℃
No dryer
No ironing
40℃で洗濯
乾燥機なし
アイロンなし

■ Raw material　■ Manufacturing　■ Transportation　■ Maintenance
原材料　製造　輸送　維持

の総量が多いとわかる。その大きな要因は一番右の項目，Maintenance「維持」に使うエネルギー量である。綿製はレーヨン製に比べ，洗う温度が高く，乾燥機dryerやアイロンをあてる必要があるため，維持するのに消費されるエネルギー量が高いということが読み取れる。服の素材だけでなく，服の扱いも重要であるとわかる。ここから，この内容を表している選択肢②が正解となる。ちなみに，図表の項目のMaintenanceが選択肢②のhow to take care of themという表現に言い換えられている。また，①はCotton T-shirts are better for the earth「綿製のTシャツはより土壌に良い」とは言えないので不正解。③はRayon blouses can be recycled「レーヨンのブラウスはリサイクルできる」とは図表から読み取れないので不正解。また④についてもWe should wear natural-fiber clothing「私たちは天然繊維の服を着るべきだ」とは読み取れないので不正解である。

単語リスト

■ energy　名 エネルギー　　■ cycle　名 周期，サイクル　　■ pulp　名 パルプ

136

第5問 （配点 20） CEFR：B1 程度

問1 (a) ～ (c) と問2 の2問です。講義を聞き，それぞれの問いの答えとして最も適切なものを，選択肢のうちから選びなさい。状況と問いを読む時間（約60秒）が与えられた後，音声が流れます。**1回流します。**

状況

　あなたはアメリカの大学で，技術革命と職業の関わりについて，ワークシートにメモを取りながら，講義を聞いています。

ワークシート

○ **The impact of technological changes***

*artificial intelligence（AI）, robotics, genetics, etc.

By 2020

【Number of jobs】

Technological change

➔ **+** gain：
➔ **−** loss：

=

Overall result： | 1 |

○ **Kinds of labor created or replaced**

	Technological development	Change: ① create or ② replace		Kind of labor: ③ mental or ④ physical
19th century	machines	⇨	2	➔ 3
		⇨	4	➔ mental
Today	robots	⇨ replace		➔ 5
	AI	⇨	6	➔ 7

第2回

第5問

問 1 (a) ワークシートの空欄 [1] にあてはめるのに最も適切なものを，六つ
の選択肢 (①～⑥) のうちから一つ選びなさい。

① a gain of 2 million jobs　　② a loss of 2 million jobs

③ a gain of 5 million jobs　　④ a loss of 5 million jobs

⑤ a gain of 7 million jobs　　⑥ a loss of 7 million jobs

問 1 (b) ワークシートの表の空欄 [2] ～ [7] にあてはめるのに最も適切
なものを，四つの選択肢 (①～④) のうちから一つずつ選びなさい。選択肢は
2回以上使ってもかまいません。

① create　　　② replace　　　③ mental　　　④ physical

問 1 (c) 講義の内容と一致するものはどれか。最も適切なものを，四つの選択肢
(①～④) のうちから一つ選びなさい。 [8]

① Machines are beginning to replace physical labor with the help of
robots.

② Mainly blue-collar workers will be affected by the coming technological
changes.

③ Two-thirds of the number of women working at an office will lose their
jobs.

④ White-collar workers may lose their present jobs because of AI
developments.

〔 2018年試行調査 〕

問 2 講義の続きを聞き，下の図から読み取れる情報と講義全体の内容から，どのようなことが言えるか，最も適切なものを，四つの選択肢（①～④）のうちから一つ選びなさい。 9

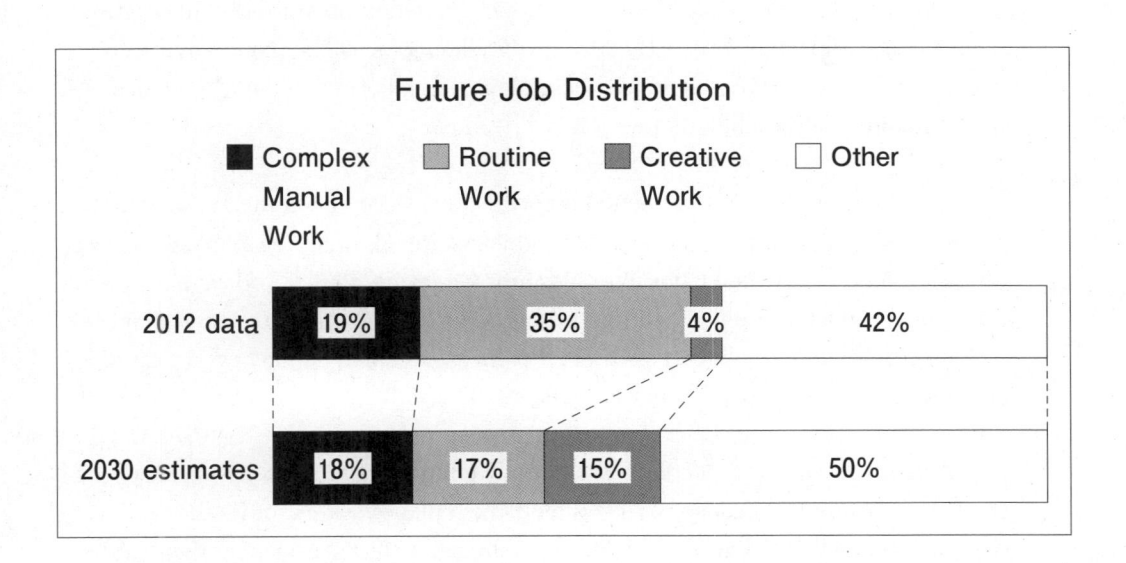

① Complex manual work will be automated thanks to the technological revolution.

② Jobs in the STEM fields will not increase even though they require creative work.

③ Mental work will have the greatest decrease in percentage.

④ Not all physical work will be replaced by robots and AI.

問題番号	問1(a)	問1(b)						問1(c)	問2
解答欄	1	2	3	4	5	6	7	8	9
正解	④	②	④	①	④	②	③	④	④
配点	4	4*			4*			4	4

* は，全部を正しくマークしている場合のみ正解とする

問 1 (a)〜(c)

[1] [1]What kind of career are you thinking about now? [2]Research predicts developments in artificial intelligence, robotics, genetics, and other technologies will have a major impact on jobs. [3]By 2020, two million jobs will be gained in the so-called STEM fields, that is, science, technology, engineering, and mathematics. [4]At the same time, seven million other jobs will be lost.

[2] [1]This kind of thing has happened before. [2]Jobs were lost in the 19th century when mass production started with the Industrial Revolution. [3]Machines replaced physical labor, but mental labor like sales jobs was generated. [4]Today, many people doing physical labor are worried that robots will take over their roles and that they will lose their current jobs. [5]This time, the development of AI may even eliminate some jobs requiring mental labor as well.

[3] [1]Actually, we know that robots are already taking away blue-collar factory jobs in the US. [2]Moreover, because of AI, skilled white-collar workers, or intellectual workers, are also at "high risk." [3]For example, bank clerks are losing their jobs because computer programs now enable automatic banking services. [4]Even news writers are in danger of losing their jobs as AI advances enough to do routine tasks such as producing simple news reports.

[4] [1]As I mentioned earlier, seven million jobs will be lost by 2020. [2]Two-thirds of those losses will be office jobs. [3]Since most office jobs are done by women, they will be particularly affected by this change. [4]What's more, fewer women are working in the STEM fields, so they will benefit less from the growth in those fields.

[1] [1]あなたは今どのようなキャリアについて考えていますか？ [2]人工知能やロボット工学，遺伝子学やその他の技術の進歩が，職に対して大きな影響を与えるであろうと，研究によって予測されています。 [3]2020年までに，いわゆるSTEM分野，つまり科学，科学技術，工学，数学の分野で，200万の仕事が得られるでしょう。 [4]同時に，700万のその他の職が失われるでしょう。

[2] [1]このような出来事は以前にも起こっています。 [2]産業革命とともに大量生産が始まった19世紀においても，職は失われました。 [3]機械が肉体労働に取って代わりましたが，営業職などの知的労働が生み出されました。 [4]今日，肉体労働に従事している多くの人々は，ロボットが自分たちの役割を奪い，自分たちは現在の職を失うのではないかと心配しています。 [5]今回は，人工知能の進歩が，知的労働を必要とするいくつかの職さえもなくしてしまうかもしれません。

[3] [1] 実際に，アメリカではロボットがすでに工場での肉体労働の仕事を奪っていることが知られています。[2] さらに，人工知能によって，熟練した事務系労働者，すなわち知的労働者も「高いリスク」にさらされています。[3] 例えば，コンピューターのプログラムが自動化された銀行業務を可能にしたので，銀行員は仕事を失いつつあります。[4] 簡単なニュース記事を作成するような定型業務ができるほどに人工知能は進化しているので，新聞記者でさえも自身の仕事を失う危機にあります。

[4] [1] 先ほど述べたように，700万の職が2020年までに失われるでしょう。[2] 失われる仕事の3分の2は事務仕事となるでしょう。[3] ほとんどの事務仕事は女性によって担われているため，彼女たちはこの変化によって特に影響を受けるでしょう。[4] その上，STEM分野で働いている女性はより少ないので，それらの分野の成長によって彼女たちが享受する利益はより少なくなるでしょう。

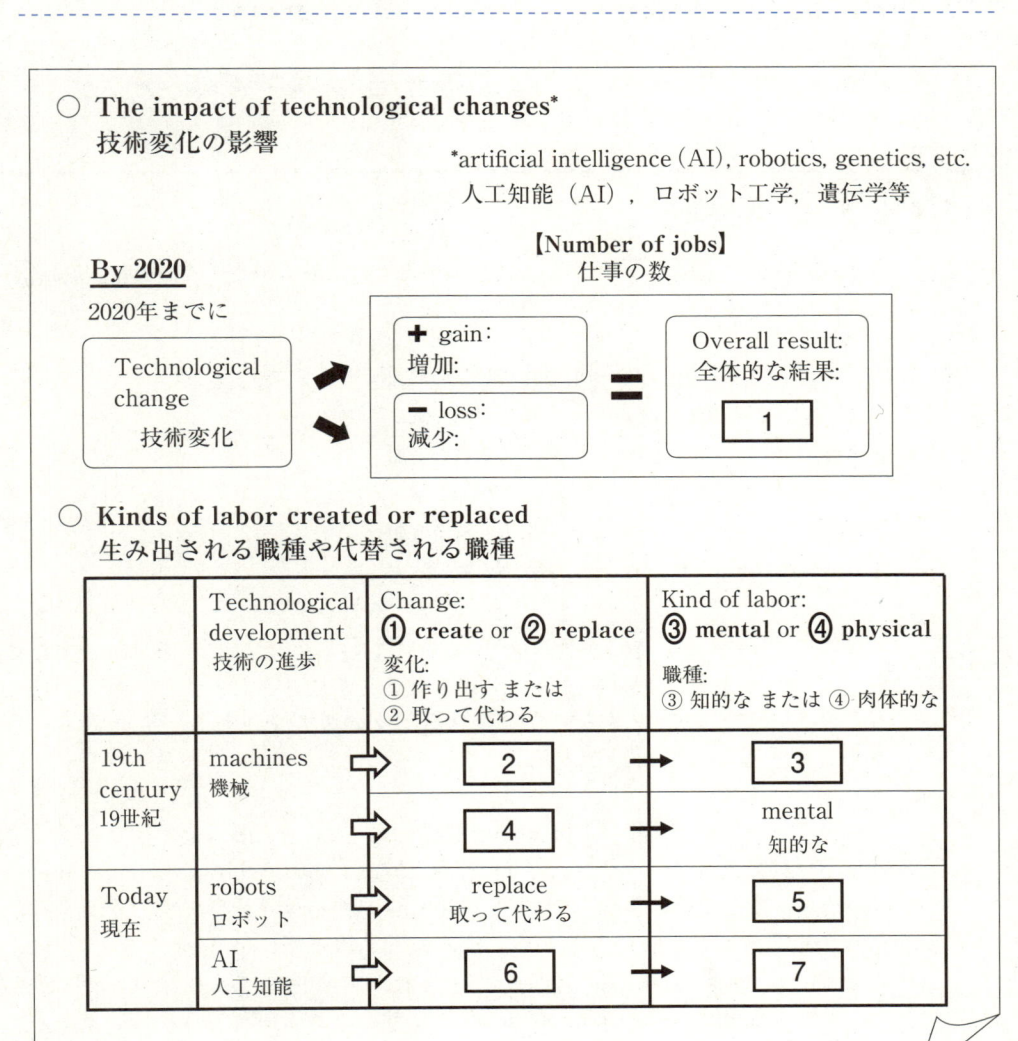

The impact of technological changes*
技術変化の影響

*artificial intelligence (AI), robotics, genetics, etc.
人工知能（AI），ロボット工学，遺伝学等

【Number of jobs】
仕事の数

By 2020
2020年までに

Technological change
技術変化

➕ gain:
増加:

➖ loss:
減少:

＝

Overall result:
全体的な結果:

| 1 |

Kinds of labor created or replaced
生み出される職種や代替される職種

	Technological development 技術の進歩	Change: ① create or ② replace 変化: ① 作り出す または ② 取って代わる	Kind of labor: ③ mental or ④ physical 職種: ③ 知的な または ④ 肉体的な
19th century 19世紀	machines 機械	⇨ 2	→ 3
		⇨ 4	→ mental 知的な
Today 現在	robots ロボット	⇨ replace 取って代わる	→ 5
	AI 人工知能	⇨ 6	→ 7

[1]
- carrer 　　　　　　[名] キャリア
- robotics 　　　　　[名] ロボット工学

- development 　　　[名] 発達
- genetics 　　　　　[名] 遺伝学

[2]
- mass production 　[複] 大量生産
- generate 　　　　　[動] 生み出す
- eliminate 　　　　 [動] を削除する

- revolution 　　　　[名] 革命
- current 　　　　　 [形] 現在の
- require 　　　　　 [動] を必要とする

[3]
- take away *A* 　　 [熟] *A* を奪う
- intellectual 　　　[形] 知性の

- moreover 　　　　　[副] その上
- routine 　　　　　 [形] 決まりきった

[4]
- particularly 　　　[副] 特に
- benefit 　　　　　 [名] 利益

- affect 　　　　　　[動] に影響する

問 1 (a) 　1 　正解 ④

ワークシートの空欄 1 にあてはめるのに最も適切なものを, 六つの選択肢 (①〜⑥) の うちから一つ選びなさい。

① a gain of 2 million jobs 　　　200 万の職の増加
② a loss of 2 million jobs 　　　200 万の職の減少
③ a gain of 5 million jobs 　　　500 万の職の増加
④ a loss of 5 million jobs 　　　500 万の職の減少
⑤ a gain of 7 million jobs 　　　700 万の職の増加
⑥ a loss of 7 million jobs 　　　700 万の職の減少

　状況と問いを読む時間が約60秒与えられているので, その時間に必要な情報をきちんとおさえよう。状況を読むと, どんな英文が放送されるかがわかる。また, ワークシートの空欄付近を読み, 放送される英文の概要を予想し, 聞き取るべきポイントを確認することが大切である。

　ワークシートの空欄 1 は2020年までのoverall result「全体的な結果」を聞き取る問題なので, ワークシートの見出しになっているThe impact of technological changes「技術変化の影響」の結果, Number of jobs「仕事の数」が, 全体的にどうなるかを聞き取れば良いとわかる。実際に聞き取る際には, gain「増加」/ loss「減少」のそれぞれの値を聞き取って, その差を出す必要がある。その結果が選択肢の2 million / 5 million / 7 millionのどれかであることを判断すれば良いとあらかじめおさえられると, 問題が解きやすい。

　3文目にtwo million jobs will be gained「200万の仕事が得られるでしょう」と述べられており, 4文目にはseven million other jobs will be lost「700万のその他の職が失われる」と述べられているので, 技術の変化が仕事の数に与える全体的な影響

142

は，2つの数字を差し引いた，④a loss of 5 million jobs「500万の仕事の減少」が正解である。

問1 (b) 正解 ②②③④④①⑤④⑥②⑦③

訳
問題文

ワークシートの表の空欄 [2] ～ [7] にあてはめるのに最も適切なものを，四つの選択肢（①～④）のうちから一つずつ選びなさい。選択肢は2回以上使ってもかまいません。

① create   作り出す
② replace   取って代わる
③ mental   知的な
④ physical   肉体的な

表を見ると，19世紀と現在の対比がなされているとわかる。選択肢は①create，②replace，③mental，④physicalなので，仕事が生まれた（create）のか，取って代わられた（replace）のか，その仕事の種類は知的労働（mental）なのか，肉体労働（physical）なのかを聞き分ける必要がある。

解説

[2] 正解② [3] 正解③

問1 (b) は放送文の表現が徐々に言い換えられていくことに注意しよう。第2段落の3文目にはMachines replaced physical labor「機械が肉体労働に取って代わりました」とあるので，空欄 [2] には②replace，空欄 [3] には④physicalがあてはまる。ここは設問の単語がそのまま使われているので正解したい。

[4] 正解①

第2段落3文目の後半でmental labor like sales jobs was generated「営業職などの知的労働が生み出されました」とある。したがって空欄 [4] は知的な仕事が生み出されたと入れるため①のcreate。放送文のwas generatedがcreateに言い換えられていると気付くことがポイント。

[5] 正解④

表を確認するとToday→robots→replace→空欄 [5] という流れなので，現在ロボットがどのような仕事に取って代わっているかを聞き取れば良い。第2段落4文目にはToday, ～ robots will take over their roles「今日，～ロボットが自分たちの役割を奪うだろう」と述べられている。theirは同じ文の前半にあるmany people doing physical labor（肉体労働に従事している多くの人々）を指しており，その役割をロボットが奪うということである。したがって空欄 [5] には④physicalが入る。放送文の"take over"「～を奪う」がreplaceの言い換えであることと，their rolesが肉体労働者が担う役割を指していることを理解することがポイント。

[6] 正解② [7] 正解③

ここではAIに関する情報を聞き取る。第2段落の最終文ではthe development of AI may even eliminate some jobs「人工知能の進歩がいくつかの職さえもなくして

しまうかもしれない」とある。またsome jobsの後ろには requiring mental labor「知的労働を必要とする」とある。したがって，空欄 6 にはeliminateの言い換えである②replaceが，空欄 7 には③mentalが入る。

問 1 (c) 8 正解 ④

 講義の内容と一致するものはどれか。最も適切なものを，四つの選択肢 （①〜④） のうちから一つ選びなさい。

① Machines are beginning to replace physical labor with the help of robots.
　ロボットの助けがあって，機械は肉体労働に取って代わりつつある。

② Mainly blue-collar workers will be affected by the coming technological changes.
　これからの技術的な変化によって，主に肉体労働者が影響を受けるだろう。

③ Two-thirds of the number of women working at an office will lose their jobs.
　会社で働いている女性の３分の２が職を失うだろう。

④ White-collar workers may lose their present jobs because of AI developments.
　人工知能の進歩によって，事務系労働者は現在の職を失うかもしれない。

- -

 　放送文の内容に一致するものを選択する問題である。第3段落の２文目にbecause of AI, skilled white-collar workers 〜 are also at "high risk"「人工知能によって，熟練した事務系労働者も『高いリスク』にさらされている」と述べられており，その直後では銀行員や新聞記者のような事務系労働者が仕事を失う具体例が続いている。つまり，"high risk" とは仕事が無くなることであり，これをWhite-collar workers may lose their present jobs「事務系労働者は現在の職を失うかもしれない」と表現した④が正解である。

　①はMachines are beginning to replace の部分が第２段落３文目のMachines replaced physical labor「機械は肉体労働に取って代わった」という内容と矛盾し，また，"with the help of robots"「ロボットの助けがあって」とも述べられているため不正解。②は，これからの技術的な変化で影響を受けているのはblue-collar workers「肉体的労働者」でなく，white-collar workers「事務系労働者」なので不正解。③は，第４段落２文目のTwo-thirds「３分の２」という数字は会社で働く女性の数に関するものではなく，失われる事務仕事の数に関するものなので不正解。

問 2 9 正解 ④

 [1] Let's take a look at the graph of future job changes. [2] Complex manual workers, like cooks and farmers, are different from routine workers in factories and offices. [3] Creative workers include artists and inventors. [4] So, what can we learn from all this?

 [1] 将来における職の変化についての図表を見てみましょう。[2] 料理人や農家のような複雑な手作業を要する労働者は，工場や会社で定型業務を行う労働者とは異なります。[3] 創造的な仕事を行う労働者には，芸術家や発明家が含まれます。[4] さて，これらすべてから何がわかるでしょうか？

- -

講義の続きを聞き，下の図から読み取れる情報と講義全体の内容から，どのようなことが言えるか，最も適切なものを，四つの選択肢（①〜④）のうちから一つ選びなさい。

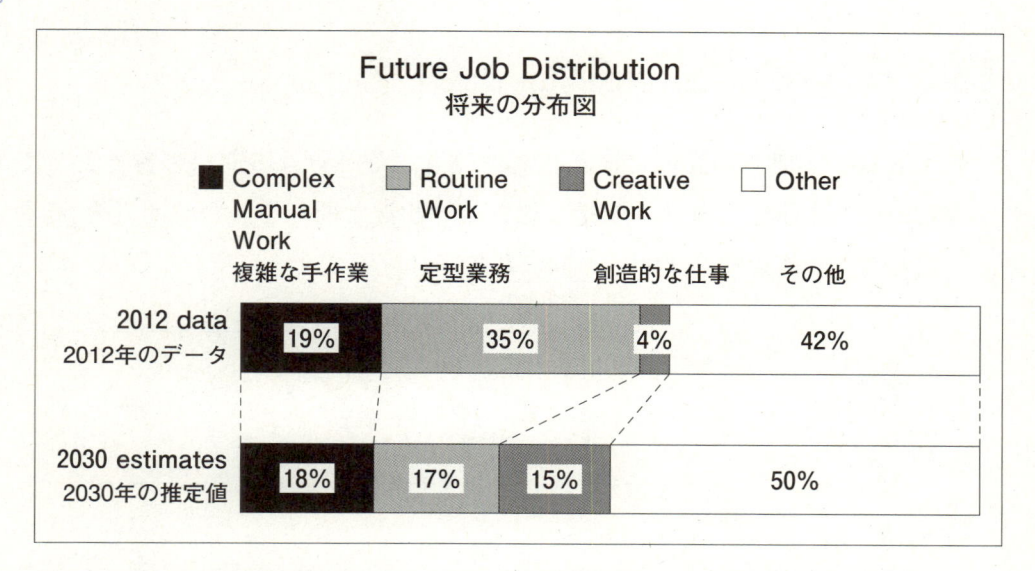

① Complex manual work will be automated thanks to the technological revolution.
技術革命のおかげで，複雑な手作業を要する仕事は自動化されるだろう。

② Jobs in the STEM fields will not increase even though they require creative work.
STEM 分野の職は創造的な仕事を必要とするが，増加しないだろう。

③ Mental work will have the greatest decrease in percentage.
頭を使う仕事の割合は最も減少するだろう。

④ Not all physical work will be replaced by robots and AI.
ロボットや人工知能によって，すべての肉体労働が取って代わられることはないだろう。

英文が放送される前に与えられた2012年と2030年の推測データを見比べ，仕事の種類とその増減をおさえよう。

- Complex manual work（複雑な手作業）：ほぼ変わりなし
- Routine work（定型業務）：約半分に減少
- Creative work（創造的な仕事）：約4倍に増加
- Other（その他）：微増

放送文の 2 文目ではComplex manual workers, 〜, are different from routine workers「複雑な手作業を要する労働者〜定型業務を行う労働者とは異なる」とある。これはcomplex manual workは減らないが，routine workは減るということを意味している。このComplex manual workersはphysical workの一部であり，その仕事が減らないということを，Not all physical work will be replaced 〜「すべての肉体労働が取って代わられることはないだろう」と言い換えた④が正解。"not all 〜"は「すべてが〜とは限らない」という部分否定の表現である。

第3回

音声
No.5-03

目標得点
16／20点

解答ページ
P.150

学習日
／

第5問 （配点 20）CEFR：B1 程度

問1 (a)〜(c)と問2 の2問です。講義を聞き，それぞれの問いの答えとして最も適切なものを，選択肢のうちから選びなさい。状況と問いを読む時間（約60秒）が与えられた後，音声が流れます。**1回流します。**

> 状況
>
> あなたはイギリスの大学で，視力矯正に関して，ワークシートにメモを取りながら，講義を聞いています。

ワークシート

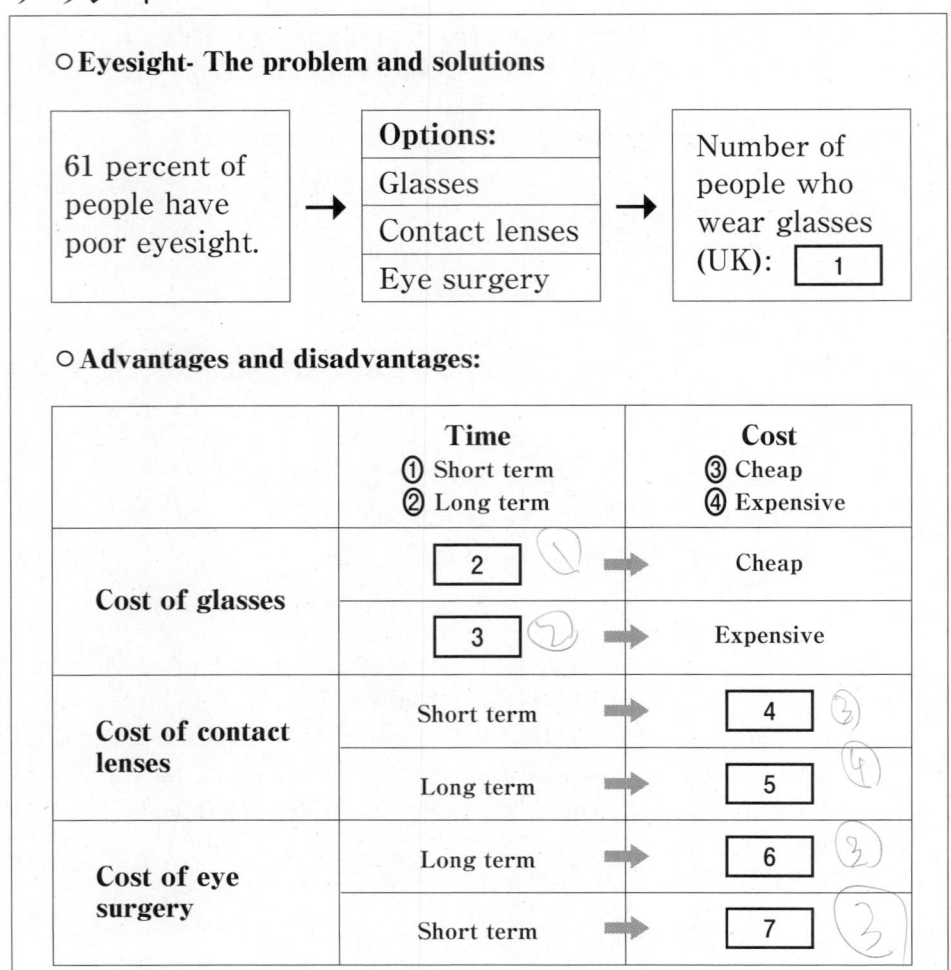

○**Eyesight- The problem and solutions**

| 61 percent of people have poor eyesight. | → | **Options:**
Glasses
Contact lenses
Eye surgery | → | Number of people who wear glasses (UK): [1] |

○**Advantages and disadvantages:**

	Time ① Short term ② Long term	**Cost** ③ Cheap ④ Expensive
Cost of glasses	[2]	Cheap
	[3]	Expensive
Cost of contact lenses	Short term ➡	[4]
	Long term ➡	[5]
Cost of eye surgery	Long term ➡	[6]
	Short term ➡	[7]

問 1 (a) ワークシートの空欄 1 にあてはめるのに最も適切なものを，
六つの選択肢 $\left(\text{①} \sim \text{⑥}\right)$ のうちから一つ選びなさい。

① 61 million   ② 48 million

③ 40 million   ④ 32 million

⑤ 30 million   ⑥ 8 million

問 1 (b) ワークシートの表の空欄 2 ～ 7 にあてはめるのに最も適切なもの
を，四つの選択肢 $\left(\text{①} \sim \text{④}\right)$ のうちから一つずつ選びなさい。選択肢は 2 回以上
使ってもかまいません。

① Short term   ② Long term   ③ Cheap   ④ Expensive

問 1 (c) 講義の内容と一致するものはどれか。最も適切なものを，四つの選択肢
$\left(\text{①} \sim \text{④}\right)$ のうちから一つ選びなさい。 8

①   8 million people in the UK need to think about the long-term benefits of eye
surgery over glasses.

②   Glasses wearers need to reconsider their options, as contact lenses are
actually the best option for their eyes.

③   People should always spend as little money as possible when choosing
which method to use to fix their eyesight.

④   People should consider both the long and short-term costs when choosing
how to fix their eyesight.

〔 オリジナル問題 〕

問 2 講義の続きを聞き，下の図から読み取れる情報と講義全体の内容から，どのようなことが言えるか，最も適切なものを，四つの選択肢 (①〜④) のうちから一つ選びなさい。 ⬜ 9

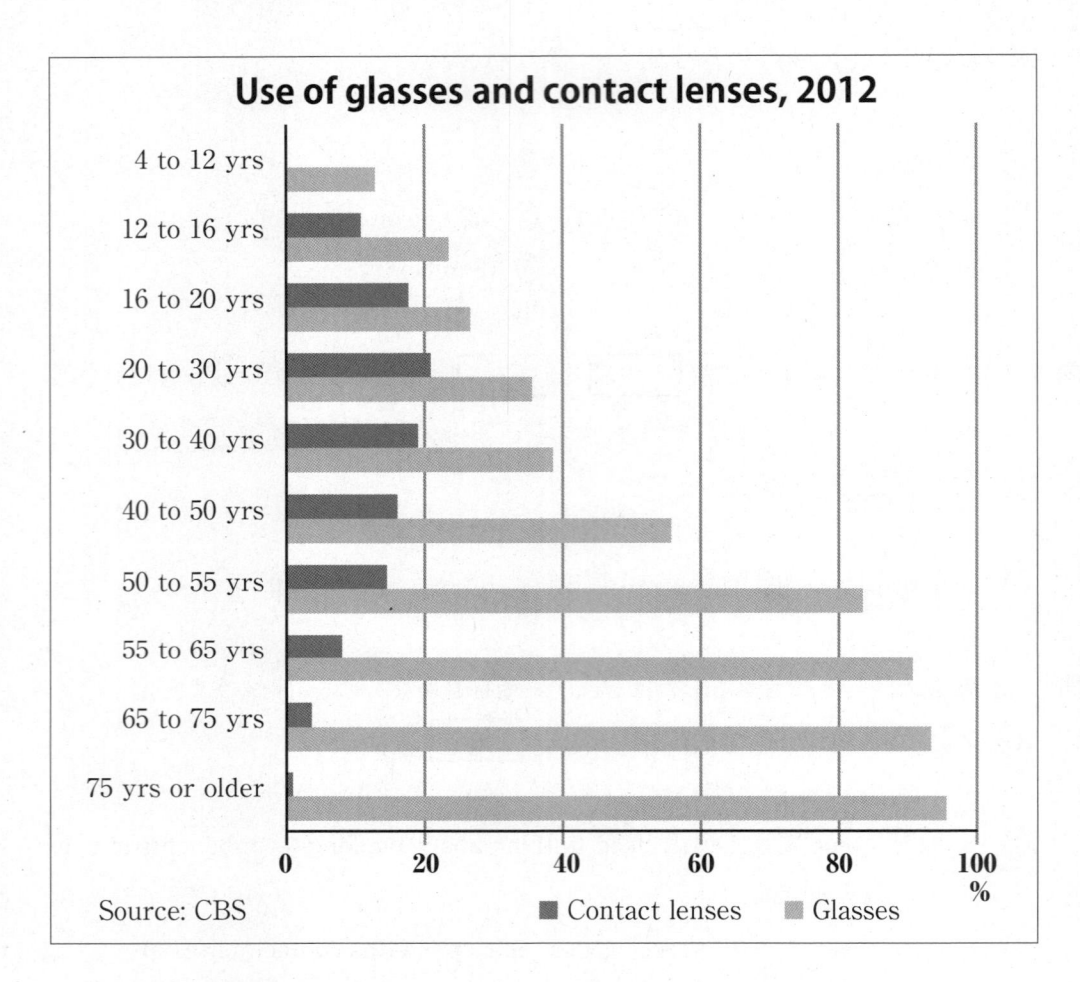

① As middle-aged people get older, the amount of activitydecreases, so they wear glasses instead of contact lenses.

② Older people could be more concerned about how they look than middle-aged people.

③ 30-year-olds may have more income to spend on contact lenses than older people.

④ Middle-aged people have less time to wear contact lenses due to their busy lifestyle.

問題番号	問1(a)	問1(b)						問1(c)	問2
解答欄	1	2	3	4	5	6	7	8	9
正解	④	②	①	③	④	③	③	④	①
配点	4	4*			4*			4	4

*は，全部を正しくマークしている場合のみ正解とする

問1 (a)〜(c)

[1]¹ Do you have poor eyesight? ² It turns out that the majority of people do. ³ In fact, 61 percent of people wear some eyewear in the UK. ⁴ For the roughly 40 million people with poor vision in the UK, this generally means choosing between glasses or contact lenses. ⁵ Surprisingly, only 8 million choose to wear contact lenses and the rest go for glasses. ⁶ But a new option is available – laser eye surgery. ⁷ For most, selecting which approach to take depends largely on what they can afford. ⁸ So, let's consider the three options from a financial point of view.

[2]¹ Many people prefer to use glasses, even though they require a substantial upfront payment; this is due to glasses needing to be specially made for their owners. ² Moreover, not only do they last considerably longer than contact lenses, but they are also more convenient for traveling with. ³ Furthermore, glasses don't require any special chemicals like contact lenses do. ⁴ Given these advantages, you can save a lot of money over a long period of time.

[3]¹ Contact lenses, on the other hand, are a great choice if you have an active lifestyle and want to explore the world. ² Although they are inexpensive at first, buying chemicals every month to maintain them will eventually make this choice quite expensive. ³ Still, you'll never need to worry about breaking them as they can be replaced easily. ⁴ But what about surgery? ⁵ At first, it appears to be the most expensive option. ⁶ But actually, many doctors offer financing options, allowing customers to pay by monthly payments. ⁷ It means that surgery can actually be cheaper initially, and as there are no additional costs, cheaper in the long run too.

[4]¹ 61 percent of people need to decide what they want to do with their poor eyesight. ² It seems that most consider the best option to be glasses. ³ There are many great reasons for choosing glasses but other options such as contact lenses or surgery might be wiser choice, after considering your lifestyle or financial situation.

[1]¹ あなたの視力は弱いですか？ ²大多数の人々がそうであるとわかっています。³実際，イギリスでは61％の人が何かしらのメガネ類を身につけています。⁴イギリスの視力の弱いおよそ4000万人にとって，これは一般的にメガネかコンタクトレンズのどちらかを選択しているということになります。⁵驚くべきことに，800万人しかコンタクトレンズの装着を選んでおらず，残りはメガネを選んでいます。⁶しかし新たな選択肢が可能になっています －レーザー眼科手術です。⁷大半の人にとっ

て，どのアプローチを取るか選択することは主にどれほど金銭的余裕があるかに左右されます。
⁸では，財政的な観点からこの3つの選択肢を考えてみましょう。

[2]¹初期費用が相当必要だとしても，多くの人がメガネの利用を好みます。これはメガネが持ち主専用に作られる必要があるためです。²さらに，メガネはコンタクトレンズよりかなり長持ちするだけでなく，持ち運びにもより便利です。³さらに，メガネにはコンタクトレンズのように特別な化学薬品も必要ありません。⁴これらの利点を考慮すると，長期（間）に渡ってかなり節約することができます。

[3]¹コンタクトレンズは，その一方で，活動的なライフスタイルを送り世界を探索したい場合に適した選択肢です。²初めはあまり高額ではありませんが，管理するために毎月化学製品を購入するので，最終的にかなり高額になります。³それでも，簡単に取り替え可能なため，壊れても心配ありません。⁴しかし手術はどうでしょうか？⁵最初，これは一見すると最も高額な選択肢です。⁶でも実際は，多くの医師がローン（払い方のオプション）を提供していて，顧客は月額払いで支払う

○ Eyesight- The problem and solutions
視力- 問題と解決法

| 61 percent of people have poor eyesight.
61%の人は視力が弱い。 | ➡ | Options:
選択肢：
Glasses
メガネ
Contact lenses
コンタクトレンズ
Eye surgery
眼科手術 | ➡ | Number of people who wear glasses (UK)：
メガネを着用する人の数 (イギリス)：

| 1 | |

○ Advantages and disadvantages:
利点と欠点：

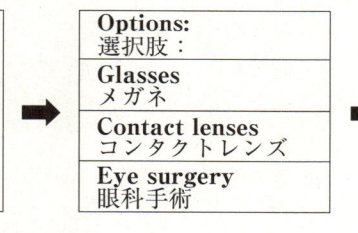

	Time 時間 ① Short term 短期的 ② Long term 長期的	**Cost** 費用 ③ Cheap 安い ④ Expensive 高い
Cost of glasses メガネの費用	2 ⇨	Cheap 安い
	3 ⇨	Expensive 高い
Cost of contact lenses コンタクトレンズの費用	Short term 短期的 ⇨	4
	Long term 長期的 ⇨	5
Cost of eye surgery 眼科手術の費用	Long term 長期的 ⇨	6
	Short term 短期的 ⇨	7

第3回

第5問

ことができるようになっています。[7] これは実は手術は初期投資がより安くなる可能性があり，また追加費用がないため長期的にも安価ということを意味しています。

[4][1] 61%の人が自身の弱い視力にどう対応するか決める必要があります。[2] 大半の人は最適な選択肢はメガネだと考えているようです。[3] メガネを選択するもっともな理由はたくさんありますが，ライフスタイルや金銭面を考慮すると，コンタクトレンズや手術などの他の選択肢の方が賢明かもしれません。

- -

単語リスト

[1]

■ eyesight	名 視力	■ turn out	熟 〜であることがわかる
■ majority	名 大多数	■ in fact	熟 実際
■ percent	名 パーセント	■ eyewear	名 メガネ類
■ vision	名 視力	■ generally	副 一般的に
■ choose between *A* or *B*	熟 *A* か *B* のどちらかを選ぶ		
■ contact lenses	複 コンタクトレンズ	■ surprisingly	副 驚いたことに
■ rest	名 残り	■ option	名 選択肢
■ available	形 利用できる	■ laser	名 レーザー
■ surgery	名 外科手術	■ select	動 を選択する
■ approach	名 アプローチ	■ largely	副 主に
■ afford	動 （金銭的に）の余裕がある	■ financial	形 財政的な
■ point of view	熟 観点		

[2]

■ require	動 を必要とする	■ substantial	形 かなりの
■ upfront	形 前払いの	■ payment	名 支払い
■ specially	副 特別に	■ not only *A*, but also *B*	熟 *A* だけでなく *B* も
■ last	動 長持ちする	■ considerably	副 かなり
■ furthermore	副 さらに		
■ over a long period of time	熟 長期間に渡って		

[3]

■ on the other hand	熟 その一方で	■ active	形 活動的な
■ at first	熟 初めは	■ maintain	動 を維持［管理］する
■ eventually	副 最終的には	■ financing	名 資金調達
■ monthly payment	複 月額払い	■ initially	副 最初は
■ in the long run	複 長期的に見れば		

[4]

■ do with	熟 〜に対応する

問1 (a) ☐1☐ 正解 ④

問題文

ワークシートの空欄 ☐1☐ にあてはめるのに最も適切なものを，六つの選択肢（①〜⑥）のうちから一つ選びなさい。

① 61 million   6100万
② 48 million   4800万
③ 40 million   4000万
④ 32 million   3200万
⑤ 30 million   3000万
⑥ 8 million   800万

解説

　状況と問いを読む時間が約60秒与えられているので，その時間にワークシートの空欄付近を読み，聞き取るべきポイントを確認することが大切である。

　空欄 ☐1☐ を見ると，Number of people who wear glasses (UK) と書かれており，イギリスでメガネをしている人の数を聞き取れば良いとわかる。放送文の第1段落の4文目で，roughly 40 million people with poor vision in the UK「イギリスの視力の弱いおよそ4000万人」と述べられ，続く5文目で only 8 million choose to wear contact lenses and the rest go for glasses「800万人しかコンタクトレンズの装着を選んでおらず，残りはメガネを選んでいます」と述べられている。視力が弱い4000万人のうち800万人がコンタクトレンズをしていて，残りはメガネを選んでいるということなので，メガネをしている人の数は4000万人 − 800万人 = 3200万人ということになる。したがって空欄 ☐1☐ に入るのは④である。

問1 (b) 正解 ☐2☐ ② ☐3☐ ① ☐4☐ ③ ☐5☐ ④ ☐6☐ ③ ☐7☐ ③

問題文

ワークシートの表の空欄 ☐2☐ 〜 ☐7☐ にあてはめるのに最も適切なものを，四つの選択肢（①〜④）のうちから一つずつ選びなさい。<u>選択肢は2回以上使ってもかまいません。</u>

① Short term   短期的
② Long term   長期的
③ Cheap   安い
④ Expensive   高い

単語リスト

■ short term   [複] 短期的   ■ long term   [複] 長期的

解説

　空欄 ☐2☐ 〜 ☐7☐ の表は，そのタイトルに Advantages and disadvantages「利点と欠点」とあり，表の一番左の列には Cost of glasses「メガネの費用」，Cost of contact lenses「コンタクトレンズの費用」，Cost of eye surgery「眼科手術の費用」という項目があり，それぞれに対して Time「時間」と Cost「費用」の欄が空欄になっている。与えられた選択肢から，Short term「短期的」や Long term「長期的」という観点で，Cheap「安い」のか Expensive「高い」のかを聞き取るべきとわかる。

空欄 2 は，第2段落4文目のGiven these advantages, you can save a lot of money over a long period of time「これらの利点を考慮すると，長期的にかなり節約することができます」が解答根拠。these advantagesのtheseは直前で述べられているメガネの利点，last considerably longer than contact lenses「コンタクトレンズよりかなり長持ち」，don't require any special chemicals「特別な化学薬品も必要ありません」などを指しています。それらを考慮するとメガネは長期的に多くのお金を節約できるということなので，長期的には安いと考えられ空欄 2 には②のLong termが入る。save a lot of moneyがcheapに，over a long period of timeがlong termに言い換えられると気付くことがポイント。

空欄 3 は，第2段落1文目のthey require a substantial upfront payment「初期費用が相当必要」が解答根拠。このtheyはglassesを指しているので，メガネは初期費用，つまり短期的にかなりのお金がかかるということで空欄 3 には①のShort termが入る。

空欄 2 ， 3 に関しては，放送文では空欄 3 の解答根拠が先に読まれ，空欄 2 がその後で読まれている。必ずしも空欄の順に解答根拠が読み上げられるとは限らないので注意しよう。

4 正解③   5 正解④

空欄 4 ， 5 に関しては，コンタクトレンズが短期的や長期的に安いのか高いのかを聞き取れば良い。コンタクトレンズに関しては第3段落で述べられており，2文目前半にAlthough they are inexpensive at first「初めはあまり高額ではありませんが」とある。選択肢のShort termがat firstに，Cheapがinexpensiveに言い換えられているので空欄 4 には③Cheapが入る。また，同じ文の後半ではbuying chemicals every month to maintain them will eventually make this choice quite expensive「管理するために毎月化学製品を購入するので，最終的にかなり高額になります」と述べられている。ここではbuying chemicals every monthとはlong term「長期的」な利用のことなので，空欄 5 には④Expensiveが入る。

6 正解③   7 正解③

最後にCost of eye surgeryについてである。目の手術に関しては第3段落7文目でsurgery can actually be cheaper initially「手術は初期投資がより安くなる可能性があり」と，as there are no additional costs, cheaper in the long run too「追加費用がないため長期的にも安価」と2つの利点が述べられている。ここでは短期的にも長期的にも費用がかからないことがcheaper initially, cheaper in the long runと述べられているため，手術の短期的，長期的な費用を表す空欄 6 と 7 にはどちらも③Cheapが入る。手術に関しては第3段落5文目でit appears to be the most expensive option「それ（手術）は一見すると最も高額な選択肢です」とあるが，その直後6文目で，But actually,「でも，実際は，」と5文目の内容を打ち消しているので，5文目だけを聞いてexpensiveを選ばないように注意しよう。

　ワークシートの内容を聞き取る問題では，放送が始まる前にワークシートを確認し，聞き取るべきポイントを絞り込むことが大切だが，ワークシートの中に使われている表現が放送文では様々な表現に言い換えられるので注意しよう。今回であればshort termがinitiallyやat firstに，long termがover a long period of timeやin the long runに言い換えられていたので，これらの言い換えに気付けるようにしよう。

問1（c）　8　正解④

講義の内容と一致するものはどれか。最も適切なものを，四つの選択肢（①〜④）のうちから一つ選びなさい。

① 8 million people in the UK need to think about the long-term benefits of eye surgery over glasses.
イギリスに住む800万人はメガネより眼科手術の長期的利点について考える必要がある。

② Glasses wearers need to reconsider their options, as contact lenses are actually the best option for their eyes.
メガネを着用する人は，コンタクトレンズが実際は自身の目にとって最適なので，選択肢を考えなおす必要がある。

③ People should always spend as little money as possible when choosing which method to use to fix their eyesight.
視力矯正にどの方法を利用するか選択する際は常にできるだけ少ないお金を使うべきだ。

④ People should consider both the long and short-term costs when choosing how to fix their eyesight.
視力を矯正する方法を選択する際，人々は長期的及び短期的な費用の両方を考慮すべきである。

- -

■benefit　　名 利点　　　　　■reconsider　　動 を再考する

- -

　放送文では，1〜3段落で様々な視力矯正の利点や欠点が示されている。その後，第4段落3文目でThere are many great reasons for choosing glasses「メガネを選択するもっともな理由はたくさんある」と述べられるが，その直後には逆接を表すbutがありbut other options such as contact lenses or surgery might be wiser choice, after considering your lifestyle or financial situation「しかし，ライフスタイルや金銭面を考慮すると，コンタクトレンズや手術などの他の選択肢の方が賢明かもしれません」と述べられている。話し手は，金銭面，ライフスタイルの条件次第ではメガネよりもコンタクトレンズや手術を勧めているので，視力を矯正する方法を選ぶ際は短期的な費用と長期的な費用を考慮するべきと述べた選択肢④が正解となる。この設問では第4段落3文目のbut以下が解答根拠になったが，逆接の後ろには話し手の主張が述べられることが多いので，聞き逃さないようにしよう。その他の選択肢は，①に関しては，8 million「800万人」という数字は第1段落5文目で出てくるが，これはコンタクトレンズを使用している人の数であり，メガネよりも眼科手術の利点を考えるべき人数ではないため不正解。②に関しては，contact lenses are actually the best option for their eyes「コンタクトレンズが実際は自身の目にとって最適」

とあるが，そのようなことは述べられていないため不正解。③に関しては第4段落で financial situation について考えることはアドバイスされているが，should always spend as little money as possible「常にできるだけ少ないお金を使うべき」とは述べられていないので不正解。

問2　9　正解 ①

[1] Let's take a look at the graph showing the use of glasses and contact lenses in 2012. [2] As you can see, the percentage of people using glasses gets higher as people age. [3] From what we know, what might be the reason for the change in contact lens users over this time?

[1] 2012年のメガネ及びコンタクトレンズの利用を示すグラフを見てみましょう。 [2] ご覧のとおり，メガネを利用する人の割合は年齢が増すごとに高くなっています。 [3] 私たちがこれまでにわかっている事柄から，コンタクトレンズ利用者におけるこの経時的な変化の理由は何であると考えられますか？

■ take a look at　熟 ～を見てみる　　　■ graph　名 グラフ
■ as you can see　熟 ご覧のとおり

講義の続きを聞き，下の図から読み取れる情報と講義全体の内容から，どのようなことが言えるか，最も適切なものを，四つの選択肢（①～④）のうちから一つ選びなさい。

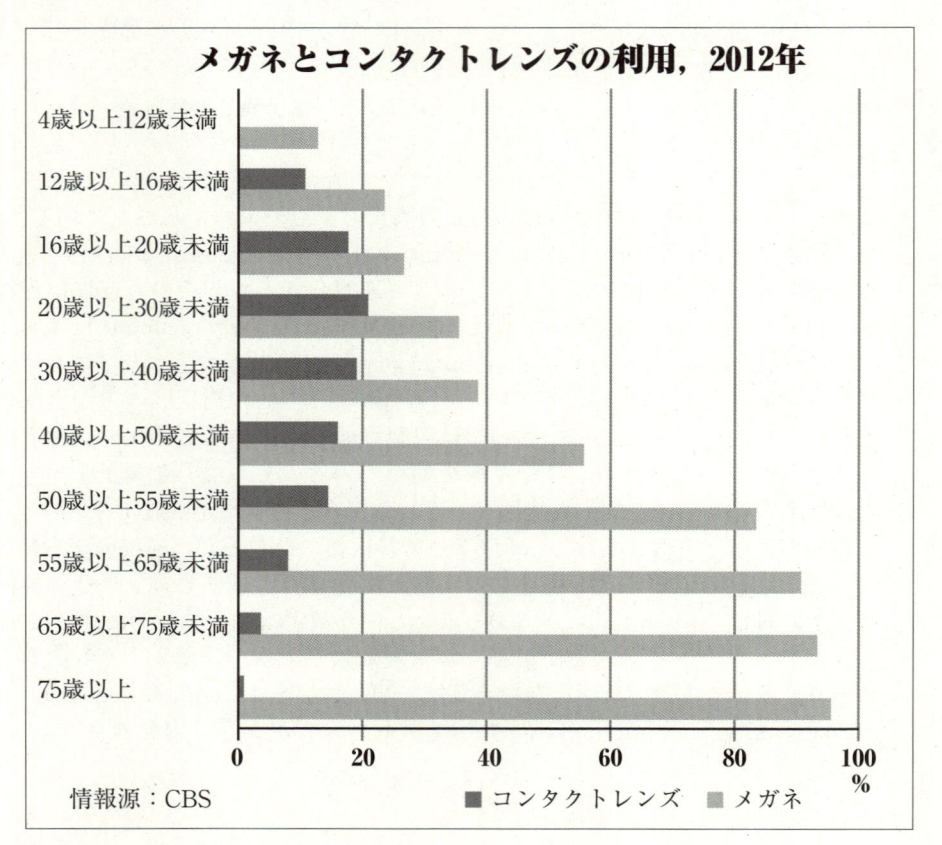

① As middle-aged people get older, the amount of activity decreases, so they wear glasses instead of contact lenses.
中年層の人々は年齢が増すと活動量が減るため，コンタクトレンズではなくメガネを着用する。

② Older people could be more concerned about how they look than middle-aged people.
年配の人々は中年層よりも外見について心配すると言える。

③ 30-year-olds may have more income to spend on contact lenses than older people.
30 歳の人々は年配者よりもコンタクトレンズに費やせる収入が多いだろう。

④ Middle-aged people have less time to wear contact lenses due to their busy lifestyle.
忙しいライフスタイルが理由で中年層の人々はコンタクトレンズを着用する時間が少ない。

単語リスト

- ■ amount　　　　名 量
- ■ instead of　　　熟 ～の代わりに
- ■ due to　　　　熟 ～が原因で
- ■ decrease　　　　動 減る
- ■ be concerned about　熟 ～について心配する

解説

　放送が始まる前にグラフを確認し，グラフの特徴をおさえよう。グラフからわかるのは，中年層の人々は歳を取るにつれコンタクトレンズの使用率が減り，メガネの使用率が増えていくということである。その理由に関して，最終文でFrom what we know, what might be the reason for the change in contact lens users over this time?「私たちがこれまでにわかっている事柄から，コンタクトレンズ利用者におけるこの経時的な変化の理由は何であると考えられますか？」と問いかけられている。中年層の人々は歳を取るにつれてコンタクトレンズではなく，メガネの使用率が高くなっていく理由に関しては，問 1 の講義の第 3 段落 1 文目Contact lenses, on the other hand, are a great choice if you have an active lifestyle and want to explore the world「コンタクトレンズは，その一方で，活動的なライフスタイルを送り世界を探索したい場合に適した選択肢です」から推測できる。この文から，アクティブな生活を送っている人はコンタクトレンズがおすすめ，ということがわかる。このことから，「若い人→活動的→コンタクトレンズを好む」，「歳を取る→活動量が減る→メガネを好む」，と推測でき，今回のグラフにおける，若者と年配者の違いが説明できる。したがって，図の情報と，講義全体からわかるものとして適切なのは① As middle-aged people get older, the amount of activity decreases, so they wear glasses instead of contact lenses.「中年層の人々は年齢が増すと活動量が減るため，コンタクトレンズではなくメガネを着用する」である。

　②に関しては，how they look「どのように見える＝外見」のことについては述べられていないので不正解。③に関しては，income「収入」については述べられておらず不正解。最後に，④に関しては，年代による忙しさは講義からは推測できないため不正解。

第
3
回

第
5
問

Part
8

対話を聞いて
要点を把握する

CEFR：B1 程度

回	出典	問題の概要	放送文の語数※	小問	得点
第1回	2017 年試行調査第 6 問 A	修学旅行についての二人の対話を聞いて，話者の発話の要点を把握する。	163 words	2 問	/8
第2回	2018 年試行調査第 6 問 A	ゲームに関する異なる意見をもつ二人の会話を聞いて，話者の発話の要点を把握する。	126 words	2 問	/8
第3回	オリジナル問題	アルバイトについての二人の対話を聞いて，話者の発話の要点を把握する。	165 words	2 問	/8

※問題文の語数は含まない。

第6問 （配点 8）CEFR：B1 程度

A 問1・問2の2問です。二人の対話を聞いて，問1・問2の答えとして最も適切なものを，四つの選択肢 (①〜④) のうちから一つずつ選びなさい。（問いの英文は書かれています。）**1回流します。**

状況

　二人の大学生が，日本の高校で行った修学旅行について英語の授業で話しています。

問1　**What is the woman's main point?** ☐ 1

① She found it difficult to use English in Australia.

② She thinks a school trip abroad is worthwhile.

③ She wanted more chances to travel outside Japan.

④ She wishes she had gone to Hiroshima instead.

問2　**What is the man's main point?** ☐ 2

① He disliked being asked questions about Japan.

② He felt that domestic school trips should be longer.

③ He thought he wasn't able to appreciate his school trip.

④ He wanted to go to Australia instead of Nara.

〔 2017年試行調査 〕

第1回

第6問 A

問題番号	問 1	問 2
解答欄	1	2
正解	②	③
配点	4	4

M₁ : We went to Australia on our school trip.

W₁ : Nice! We only went to Tokyo. I've never been abroad, and I wish I could have gone when I was a high school student.

M₂ : Oh, yeah? In fact, looking back, I wish I had gone somewhere in Japan –like Hiroshima or Nara because I wasn't ready to go abroad yet.

W₂ : What do you mean? You can go to places like that any time. Maybe you wouldn't have had a chance to go abroad otherwise.

M₃ : I wish I had known more about Japan back then. People in Australia asked me a lot of questions about Japan, but it was very hard for me to answer them. Also, I needed more English skills.

W₃ : But, didn't you find that using English in real situations improved your skills? I wish I had had that opportunity.

M₄ : No, not really. The trip was too short to really take advantage of that.

W₄ : In any case, such an experience should be appreciated.

男性₁ : 僕たちは修学旅行でオーストラリアへ行ったんだ。

女性₁ : いいわね！　私たちは東京へ行っただけよ。私は海外に行ったことがないから，高校生のときに海外へ行けたら良かったなぁ。

男性₂ : へぇ，そう？　実を言うと，今思えば，広島や奈良とか，日本のどこかへ行ければ良かったな。僕はまだ海外へ行く準備ができていなかったから。

女性₂ : どういうこと？　そんな場所にはいつでも行けるでしょ。たぶん，それ以外で海外に行く機会はなかったでしょうに。

男性₃ : あのとき，僕がもっと日本のことを知っていたら良かったな。オーストラリアの人たちは僕に日本についてたくさん質問をしてきたけれど，それに答えるのが僕にとってはとても難しかったんだ。それに，僕にはもっと英語力が必要だったな。

女性₃ : でも，実際の状況で英語を使うことで英語力が高まるとは思わなかったの？　私は，そんな機会があれば良かったのにと思うな。

男性₄ : いや，そうでもなかったな。修学旅行は短すぎて，本当にその機会を活かせなかったよ。

女性₄ : とにかく，そんな経験はありがたく思うべきよ。

問 1　　1　　正解 ②

What is the woman's main point?
女性の話の要点は何か？

① She found it difficult to use English in Australia.
彼女はオーストラリアで英語を使うことが難しいと感じた。

② She thinks a school trip abroad is worthwhile.
彼女は海外への修学旅行は価値があると思っている。

③ She wanted more chances to travel outside Japan.
　彼女は日本国外を旅行する機会がもっと欲しかった。

④ She wishes she had gone to Hiroshima instead.
　彼女は代わりに広島に行ければ良かったと思っている。

- -

　女性の話の要点を選択する問題なので，女性の発言に注意しよう。男性が行った海外への修学旅行に対し，女性は１回目の発言で，Nice! と肯定し，さらにI wish I could have gone when I was a high school student と続けている。"I wish S could have *done*" は「～だったらなぁ」という，叶わなかった願望を表す仮定法の表現で「高校生のときに（海外へ）行けたら良かったなぁ」という意味になる。この発言からも，女性は修学旅行で海外へ行くことを肯定しており，その上で最終的に，such an experience should be appreciated「そのような経験はありがたく思うべき」と述べている。such an experienceは男性が修学旅行で海外に行ったことを指しており，このsuch an experienceをa school trip abroadに，そしてshould be appreciatedをworthwhile「価値がある」に，言い換えた②が正解である。

　③は海外に旅行をする機会がもっと欲しかったと述べているだけで，あくまでも，修学旅行として海外に行くことについての発言のmain pointなので，ひっかからないようにしよう。

問2 ☐2☐　正解③

What is the man's main point?
男性の話の要点は何か？

① He disliked being asked questions about Japan.
　彼は日本について質問されることが嫌だった。

② He felt that domestic school trips should be longer.
　彼は国内の修学旅行はもっと長くあるべきだと感じた。

③ He thought he wasn't able to appreciate his school trip.
　彼は自分の修学旅行をありがたく感じることはできないと思った。

④ He wanted to go to Australia instead of Nara.
　彼は奈良の代わりにオーストラリアに行きたかった。

- -

　男性の話の要点を選択する問題。男性はI wish I had gone somewhere in Japan「日本のどこかへ行ければ良かったな」，I wasn't ready to go abroad yet「僕はまだ海外へ行く準備ができていなかった」と述べているので，海外への修学旅行に関して否定的な意見を持っていることがわかる。また女性の３回目の発言，didn't you find that using English in real situations improved your skills?「実際の状況で英語を使うことで英語力が高まるとは思わなかったの？」という質問に対して男性は，No, not really「いや，そうでもなかったな」と述べ，さらにThe trip was too short to really take advantage of that「修学旅行は短すぎて，本当にその機会を活かせなかった」と答えているため，男性は海外への修学旅行に対して一貫して否定的な意見を持っている。そのことをwasn't able to appreciate his school trip「自分の修学旅行をありがたく感じることはできなかった」と言い換えた③が正解である。

- -

■domestic　形 国内の

第6問 （配点　8）　CEFR：B1 程度

A 　問1・問2の2問です。二人の対話を聞き，それぞれの問いの答えとして最も適切なものを，四つの選択肢 （①～④） のうちから一つずつ選びなさい。（問いの英文は書かれています。） **1回流します。**

> 状況
> 　二人の大学生が，ゲーム（video games）について話しています。

問 1　What is Fred's main point?　　1

① Video games do not improve upper body function.

② Video games do not represent the actual world.

③ Video games encourage a selfish lifestyle.

④ Video games help extend our imagination.

問 2　What is Yuki's main point?　　2

① It's necessary to distinguish right from wrong in video games.

② It's wrong to use smartphones to play video games.

③ Players can develop cooperative skills through video games.

④ Players get to act out their animal nature in video games.

〔 2018年試行調査 〕

問題番号	問 1	問 2
解答欄	1	2
正解	②	③
配点	4	4

Fred 1 : Are you playing those things again on your phone, Yuki?

Yuki 1 : Yeah, what's wrong with playing video games, Fred?

Fred 2 : Nothing. I know it's fun; it enhances hand-eye coordination. I get that.

Yuki 2 : Oh, then you're saying it's too violent; promotes antisocial behavior – I've heard that before.

Fred 3 : And, not only that, those games divide everything into good and evil. Like humans versus aliens or monsters. The real world is not so black and white.

Yuki 3 : Yeah …. We are killing dragons. But we learn how to build up teamwork with other players online.

Fred 4 : Building up teamwork is different in real life.

Yuki 4 : Maybe. But still, we can learn a lot about how to work together.

Fred 5 : Well, I'll join you when you have a game that'll help us finish our homework.

フレッド₁： 携帯でまたそんなことをして遊んでいるの，ユキ？

ユキ₁ ： えぇ，ゲームをすることの何がいけないの，フレッド？

フレッド₂： 何も。ゲームが面白いってことはわかってるよ。目と手の連携を良くしてくれるよね。それはわかってる。

ユキ₂： あぁ，それなら，ゲームが暴力的すぎる，反社会的な行動を助長するって言いたいのね。それなら前にも聞いたわ。

フレッド₃： それと，それだけじゃなくて，そういったゲームはすべてを善と悪に分けてしまう。人間対宇宙人や，人間対怪物みたいにね。現実の世界はそんなに白黒はっきりしていないよ。

ユキ₃ ： そうね…。私たちはドラゴンを倒しているしね。でも，オンライン上の他のプレイヤーたちとチームワークを築く術を学んでいるわ。

フレッド₄： チームワークを築くことは，現実世界では別物だよ。

ユキ₄ ： たぶんね。それでも，協力する方法について多くのことが学べるわ。

フレッド₅： そうか，僕たちの宿題を終わらせるのを手伝ってくれるゲームを君が持っていたら，僕も君に加わるよ。

単語リスト

■ enhance　動 を高める　　■ coordination　名 連携　　■ promote　動 を促進する
■ antisocial　形 反社会的な　■ evil　名 悪　　■ versus　前 ～対
■ alien　名 宇宙人　　■ build up *A*　熟 *A* を築く

問 1　　1　　正解 ②

What is Fred's main point?
フレッドの話の要点は何か？

① Video games do not improve upper body function.　ゲームは上半身の機能を向上させない。

② Video games do not represent the actual world.　ゲームは現実世界を表してはいない。

③ Video games encourage a selfish lifestyle.　ゲームは利己的な生活様式を促進する。

④ Video games help extend our imagination.　ゲームは私たちの想像力を広げるのに役立つ。

　　フレッドの話の要点を選択する問題。まず video games に対する話者の立場を聞き取ろう。フレッドの立場は 1 回目の発言 Are you playing those things again「またそんなことをして遊んでいるの」から否定派だとわかる。一方でユキの立場は，彼女の 1 回目の発言 what's wrong with playing video games「ゲームをすることの何がいけないの」から肯定派だとわかる。解答根拠はフレッドの 3 回目の発言 those games divide everything into good and evil「そういったゲームはすべてを善と悪に分けてしまう」と The real world is not so black and white「現実の世界はそんなに白黒はっきりしていない」である。これを video games do not represent the actual world「ゲームは現実世界を表してはいない」と言い換えた②が正解である。

　　①はフレッドの 2 回目の発言の hand-eye coordination「目と手の連携」を upper body function「上半身の機能」と言い換えてはいるが，放送文ではそれを enhances「を向上させる」と述べられているのに対し，選択肢では do not improve「を向上させない」と述べられているので不可。

問 2 　　2 　　正解 ③

What is Yuki's main point?
ユキの話の要点は何か？

① It's necessary to distinguish right from wrong in video games.
　　ゲーム内において善悪を区別することは必要だ。

② It's wrong to use smartphones to play video games.
　　ゲームをするためにスマートフォンを使うことは間違っている。

③ Players can develop cooperative skills through video games.
　　ゲームを通じてプレイヤーは協力するスキルを磨くことができる。

④ Players get to act out their animal nature in video games.
　　ゲームの中でプレイヤーは自らの動物的な本質を表すようになる。

　　ユキの話の要点を選ぶ問題。ユキの立場は問 1 で確認したように，video games に関しては肯定派である。今回のポイントはユキの 3 回目の発言 we learn how to build up teamwork with other players online「私たちはオンライン上の他のプレイヤーたちとチームワークを築く術を学んでいる」を聞き取ること。この we can build up how to teamwork with other players を Players can develop cooperative skills「プレイヤーは協力するスキルを磨くことができる」，と言い換えた③が正解である。①に関しては，ゲーム内において善悪の区別が必要とは述べられてない。また 1 文目に phone という単語が出てくるが，携帯がゲームをする手段として良いかどうかということに関しては，会話では触れられていないため，②も不正解である。④の act out their animal nature「動物的な本質を表す」についても述べられていない。

第6問 （配点　8）CEFR：B1 程度

A　問1・問2の2問です。二人の対話を聞き，それぞれの問いの答えとして最も適切なものを，四つの選択肢 （①〜④）のうちから一つずつ選びなさい。（問いの英文は書かれています。）**1回流します。**

> 状況
> 二人の大学生が，アルバイトについて話しています。

問1　What's Mark's main point?　　1

① He works for a bad company.

② He works longer hours than Angela.

③ His work does not pay him enough.

④ His work is more tiring than Angela's.

問2　What's Angela's main point?　　2

① Her work is more interesting than Mark's.

② Mark should not complain about his work.

③ She doesn't want to continue working at her job.

④ Working in an office takes too much of her time.

〔 オリジナル問題 〕

問題番号	問 1	問 2
解答欄	1	2
正解	④	②
配点	4	4

Angela₁ : So, how's your new job at the restaurant, Mark?

Mark₁ : Oh, hey, Angela. It's fun, but I'm exhausted!

Angela₂ : Really? Why? You're only working 30 hours a week. How can you be tired?

Mark₂ : I know. But my work isn't the same as yours.

Angela₃ : What do you mean? I work 40 hours a week in my office. You really should stop complaining.

Mark₃ : I know. But you don't interact with customers all day. I'm on my feet walking around and taking orders for 30 hours a week. You spend most of your time in your chair and working in front of a computer. It's not the same.

Angela₄ : I guess if you put it like that. Are you going to keep working there?

Mark₄ : I'm not sure. The money is quite good. And I love the long weekend. I'll give it another week.

Angela₅ : Well, I don't think I can be a waiter though.

アンジェラ₁ ：それで，レストランでの新しい仕事はどう？　マーク。

マーク₁ ：あ，やあ，アンジェラ。楽しいけど，とても疲れるよ！

アンジェ₃₂ ：本当に？　なぜ？　週に30時間しか働いてないわよね。どうしたら疲れるの？

マーク₂ ：そうだね。でも僕の仕事は君の仕事と同じではないよ。

アンジェラ₃ ：どういうこと？　私は事務所で週40時間働くわよ。不満を言うのは本当に止めた方がいいわ。

マーク₃ ：わかってるよ。でも君は一日中接客をしているわけではないよね。僕は週30時間立って歩き回って注文を取るんだよ。君はほとんどの時間，椅子に座ってコンピューターの前で仕事をして過ごしているよね。それは同じではないよ。

アンジェラ₄ ：そんな風に言われたらそうかも。そこで働き続けるの？

マーク₄ ：わからないな。給料はとても良いんだ。それに週末が長いのも気に入ってるんだよね。もう1週間働いてみるよ。

アンジェラ₅ ：そうね，でも私はウエイターにはなれないと思うわ。

- -

■ exhausted 　形 疲れ果てた　　　　■ interact 　動 交流する
■ walk around 　熟 歩き回る
■ take orders 　熟 注文を取る

問1　1　正解 ④

訳 問題文

What's Mark's main point?
マークの話の要点は何か？

① He works for a bad company. 　　　　彼はひどい企業で働いている。

② He works longer hours than Angela. 　彼はアンジェラよりも長時間働いている。

③ His work does not pay him enough. 　彼の仕事は十分な給与が支払われない。

④ His work is more tiring than Angela's. 　彼の仕事はアンジェラの仕事よりも疲れるものである。

- -

単語リスト

■ tiring 形 疲れる

- -

解説

　　マークの話の要点を選択する問題。マークはアンジェラの１回目の発言how's your new job at the restaurant「レストランでの新しい仕事はどう」に対して，It's fun, but I'm exhausted!「楽しいけど，とても疲れるよ！」と答えている。アンジェラはそのようなマークに対して，You're only working 30 hours a week「週に30時間しか働いてないわよね」（２回目の発言）と述べているが，それを受けてマークは２回目の発言でmy work isn't the same as yours「僕の仕事は君の仕事と同じではないよ」と述べ，さらに３回目の発言で，I'm on my feet walking around and taking orders for 30 hours a week「僕は週30時間立って歩き回って注文を取るんだよ」と，自分の仕事がアンジェラと比べていかに大変であるかを説明している。このやりとりから，マークの主張は④ His work is more tiring than Angela's「彼の仕事はアンジェラの仕事よりも疲れるものである」ということがわかる。

　　① He works for a bad company「彼はひどい企業で働いている」に関しては，会話文から判断することができない。また，② He works longer hours than Angela「彼はアンジェラよりも長時間働いている」に関しては，マークは週30時間，アンジェラは週40時間働いているため，不正解。給与に関しては，マークは４回目の発言でThe money is quite good「給料はとても良いんだ」と述べているので，③ His work does not pay him enough「彼の仕事は十分な給与が支払われない」は会話の内容と矛盾している。

問2　2　正解 ②

訳 問題文

What's Angela's main point?
アンジェラの話の要点は何か？

① Her work is more interesting than Mark's.
　彼女の仕事はマークの仕事よりも面白い。

② Mark should not complain about his work.
　マークは自身の仕事について不満を言わない方がいい。

③ She doesn't want to continue working at her job.
　彼女は仕事を続けたくないと思っている。

④ Working in an office takes too much of her time.
　事務所での仕事は彼女のあまりにも多くの時間を奪う。

　アンジェラの話の要点を選択する問題。アンジェラは3回目の発言でマークに対してYou really should stop complaining「不満を言うのは本当に止めた方がいいわ」と述べている。このshould stop complainingをshould not complainと言い換えた②Mark should not complain about his work「マークは自身の仕事について不満を言わない方がいい」が正解である。

　①Her work is more interesting than Mark's「彼女の仕事はマークの仕事よりも面白い」に関しては，この会話文には述べられていない。また，③She doesn't want to continue working at her job「彼女は仕事を続けたくないと思っている」に関しても述べられていない。最後の④に関しては，アンジェラが事務所で週に40時間働いていることに関しては述べられているが，それが彼女のあまりにも多くの時間を奪っているかどうかに関しては述べられていないので，アンジェラの主張としては不適切である。

複数の意見を聞いて内容を把握する

CEFR：B1 程度

回	出典	問題の概要	放送文の語数※	小問	得点
第1回	2017年 試行調査 第6問 B	炭水化物の摂取に関する複数の意見を聞き，それぞれの話者の立場を判断し，意見を支持する図表を選ぶ。	180 words	2問	/8
第2回	2018年 試行調査 第6問 B	ゲームが人に与える影響に関する講義の質疑応答を聞き，それぞれの話者の立場を判断し，意見を支持する図表を選ぶ。	239 words	2問	/8
第3回	オリジナル 問題	ホスピタリティ業界の現状に関する講義の質疑応答を聞き，それぞれの話者の立場を判断し，意見を支持する図表を選ぶ。	330 words	2問	/8

※問題文の語数は含まない。

第 6 問　(配点　8) CEFR：B1 程度

B　問1・問2の2問です。**1回流します。**

> 状況
> 　学生たちが授業で，炭水化物(carbohydrates)を積極的に摂取すること
> に対して賛成か反対かを述べています。

問1　四人の意見を聞き，賛成意見を述べている人を四つの選択肢(①〜④)のうち
からすべて選びなさい。正解となる選択肢は一つとは限りません。　　1

①　学生1
②　学生2
③　学生3
④　学生4

問 2 さらに別の学生の意見を聞き，その意見の内容と合う図を四つの選択肢 (①～④) のうちから一つ選びなさい。 2

図 1

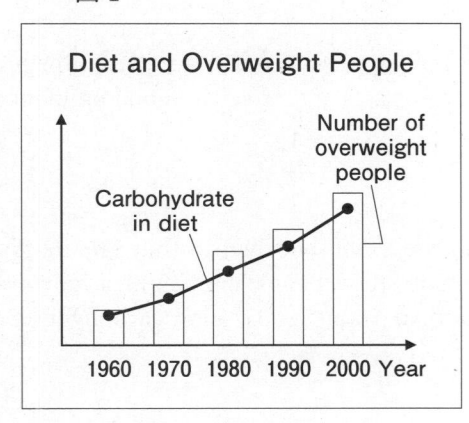

図 2

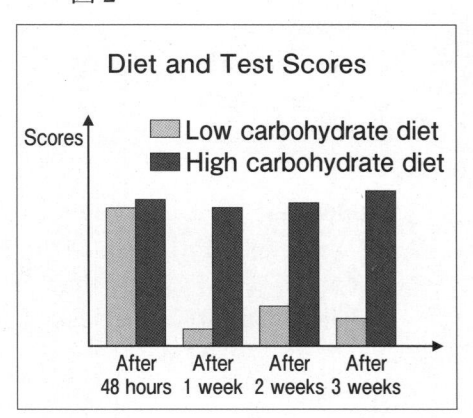

図 3

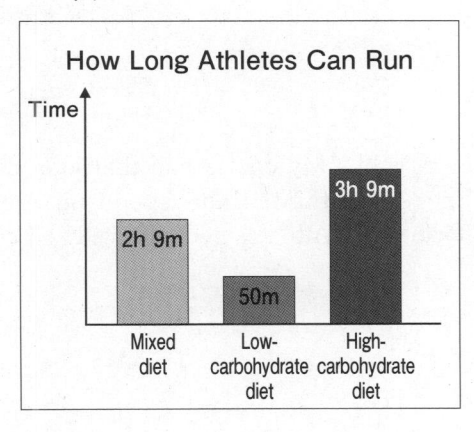

図 4

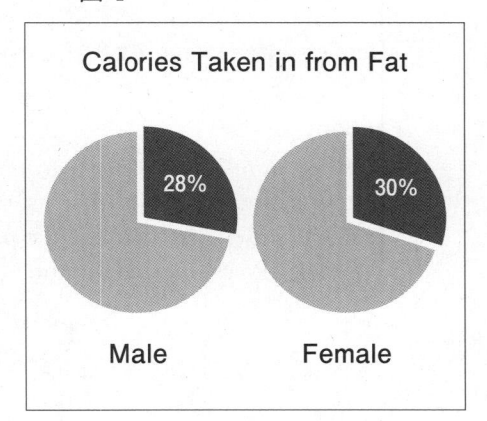

① 図 1
② 図 2
③ 図 3
④ 図 4

〔 2017年試行調査 〕

問題番号	問 1	問 2
解答欄	1	2
正解	① ④	①
配点	4*	4

＊ は過不足なく解答した場合のみ点を与える

問 1　1　正解 ① ④

Student 1

[1]Test season is in a few weeks, and carbohydrates are the preferred source of energy for mental function. [2]I think rice, potatoes, pasta and bread are good brain food! [3]You are what you eat!

Student 2

[1]Many people try to reduce the fat in their diet, but instead they should lower the amount of carbohydrates they eat. [2]In one study, people on a high carbohydrate diet had an almost 30% higher risk of dying than people eating a low carbohydrate diet.

Student 3

[1]The necessary calories for the body can be taken in from protein and fat, which are included in foods such as meat and nuts. [2]The body requires these for proper functioning. [3]Protein and fat previously stored in the body can be used as a more reliable source of energy than carbohydrates.

Student 4

[1]Well, as an athlete, I need to perform well. [2]My coach said that long distance runners need carbohydrates to increase stamina and speed up recovery. [3]Carbohydrates improve athletic performance. [4]Athletes get less tired and compete better for a longer period of time.

学生 1

[1]試験期間まであと数週間で，炭水化物は頭が働くために望ましいエネルギー源です。[2]私は，米，じゃがいも，パスタ，パンは脳に良い食べ物だと思います！　[3]人は食べ物次第！

学生 2

[1]多くの人が食事に含まれる脂質を減らそうと努力していますが，代わりに，炭水化物の摂取量を減らすべきです。[2]ある研究によれば，炭水化物の多い食事をとる人は，炭水化物の少ない食事をとる人よりも 30％ほど死亡リスクが高かったそうです。

学生 3

[1]体に必要なカロリーはタンパク質や脂質から摂取することができ，それらは肉やナッツなどの食べ物に含まれています。[2]体はそれらを正常な機能のために必要としています。[3]事前に体に蓄えられているタンパク質や脂質は，炭水化物よりも頼れるエネルギー源として使うことができます。

学生4

[1] そうですね，運動選手として，私は良いパフォーマンスをする必要があります。[2] 長距離ランナーには，持久力を向上させ，回復のスピードを速めるために炭水化物が必要だと私の監督は言っていました。[3] 炭水化物は運動選手のパフォーマンスを向上させます。[4] 運動選手は疲れにくくなり，より良く，より長い時間，競うようになります。

■ mental	形 知能の	■ reduce	動 を減らす	■ protein	名 タンパク質
■ require	動 を必要とする	■ previously	副 以前に	■ store	動 を蓄える
■ reliable	形 頼りになる	■ distance	名 距離	■ stamina	名 持久力
■ recovery	名 回復				

　炭水化物を積極的に摂取することに対して賛成している人をすべて選ぶ問題。解答が一つとは限らないため，聞きながらそれぞれの人の立場を整理する必要がある。以下のように，放送文の特徴的な表現をもとに，話している人の立場を把握できると良い。

> **学生1：賛成**
> carbohydrates are the preferred source of energy for mental function
> 「炭水化物は頭が働くために望ましいエネルギー源」
>
> **学生2：反対**
> should lower the amount of carbohydrates
> 「炭水化物の摂取量を減らすべき」
>
> **学生3：反対**
> Protein and fat … can be used as a more reliable source of energy than carbohydrates
> 「タンパク質や脂質は，…炭水化物よりも頼れるエネルギー源として使うことができる」
>
> **学生4：賛成**
> Carbohydrates improve athletic performance
> 「炭水化物は運動選手のパフォーマンスを向上させる」

　以上のことから，炭水化物を積極的に摂取することに賛成している人は学生1と学生4だとわかる。よって正解は①と④である。

　リスニングでは，誰かの立場について聞き取るとき，agreeやdisagree，goodやbadなど，賛成しているのか反対しているのかが直接わかる単語が使われることはそれほど多くない。今回の場合は，炭水化物の摂取に関しては，preferred「望ましい」→賛成，should lower「減らすべき」→反対，～ more reliable source of energy than carbohydrates「～は炭水化物より頼れる」→反対，Carbohydrates improve athletic performance「炭水化物は運動選手のパフォーマンスを向上させる」→賛成，と読み上げられる様々な表現から賛成か反対かの判断をする必要がある。また，放送文の内容を細かいところまですべてを聞き取ることができなくても，賛成，反対に関する単語や表現を聞き取れれば正解を導くことができるため，トピックや使用される単語が難しいと感じてもあきらめずに最後までしっかり聞こう。

問 2 ☐2☐ 正解 ①

[1]If I eat a high carbohydrate diet, I tend to get hungry sooner and then eat snacks. [2]Also, I read snacks raise the sugar levels in the blood, and the ups and downs of blood sugar lead to eating continuously. [3]This makes you gain excessive weight.

[1]私は炭水化物の多い食事をとると，おなかが空くのが早くなり，間食をしてしまいがちになります。[2]また，間食は血糖値を上げ，血糖値の上昇と下降は絶え間なく食べることの原因になる，と読みました。[3]これによって，太りすぎてしまうのです。

図 1

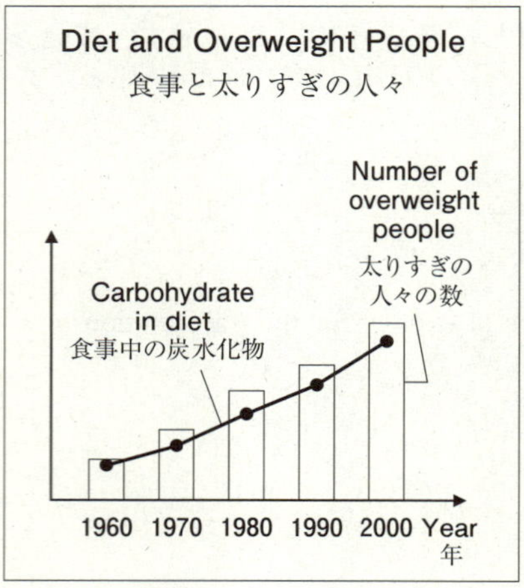

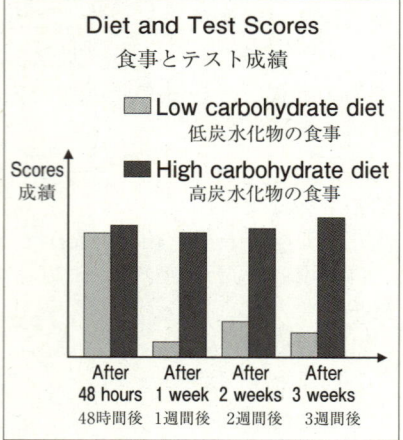

Diet and Overweight People
食事と太りすぎの人々

図 2

Diet and Test Scores
食事とテスト成績

図 3

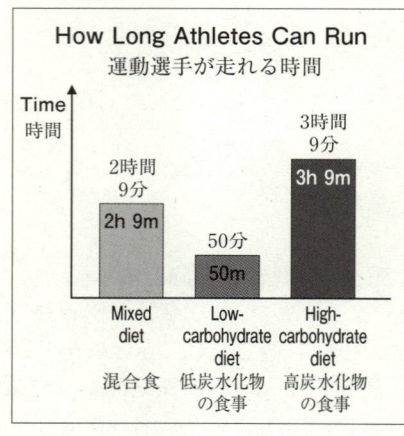

How Long Athletes Can Run
運動選手が走れる時間

図 4

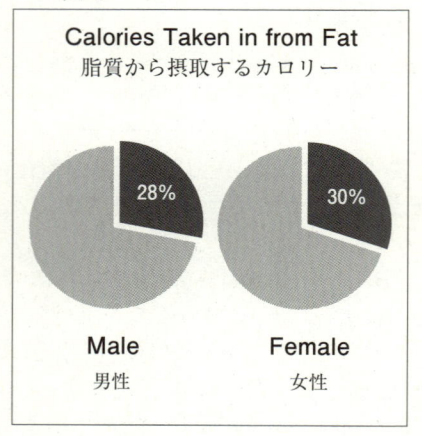

Calories Taken in from Fat
脂質から摂取するカロリー

① 図 1
② 図 2
③ 図 3
④ 図 4

食事に関して，ある意見を聞き，その意見を支持する図を選ぶ問題。話者の立場や，その立場をサポートする情報をしっかり聞き取ろう。

話者は，eat a high carbohydrate diet「炭水化物の多い食事をとる」→tend to get hungry sooner and then eat snacks「おなかが空くのが早くなり，間食をしてしまいがちになる」→snacks raise the sugar levels in the blood「間食は血糖値を上げ」→the ups and downs of blood sugar lead to eating continuously「血糖値の上昇と下降は絶え間なく食べることの原因になる」→This makes you gain excessive weight「これによって，太りすぎてしまう」と，炭水化物の多い食事は最終的に太りすぎにつながることがわかる。この意見の内容に合うのは，食事中の炭水化物が増えるにつれて，太りすぎの人が年々増えてきていることを示している①である。

炭水化物とテストの成績の関係は述べられていないので②は不正解。また，炭水化物と走れる距離に関しても述べられていないので③も不正解。脂質やカロリーの吸収に関しても述べられていないので④も選べない。

放送文では，the sugar levels in the blood「血糖値」やthe ups and downs of blood sugar「血糖値の上昇と下降」といった，聞き取れても意味がつかみづらい単語もあるが，今回の問題はそこが聞き取れなくても，炭水化物の多い食事が太りすぎにつながる，という大きな流れを理解できれば正解にたどり着けるはずである。

■tend to do 熟 ～しがちである　■continuously 副 切れ目なく　■excessive 形 過度の

第6問 （配点 8） CEFR：B1 程度

B 問1・問2の2問です。英語を聞き，それぞれの問いの答えとして最も適切なものを，選択肢のうちから選びなさい。**1回流します。**

状況

Professor Johnson がゲーム（video games）について講演した後，質疑応答の時間がとられています。司会（moderator）が聴衆からの質問を受け付けています。Bill と Karen が発言します。

問1 四人のうち，ゲームに反対の立場で意見を述べている人を，四つの選択肢（①～④）のうちから**すべて**選びなさい。 | 1 |

① Bill
② Karen
③ Moderator
④ Professor Johnson

180

問 2 Professor Johnson の意見を支持する図を，四つの選択肢 (①〜④) のうちから一つ選びなさい。 ☐2

①

Number of Olympic Events

②

Top 5 Countries Selling Games

		Sales in Billions
1	China	$32. 54
2	United States	$25. 43
3	Japan	$14. 05
4	Germany	$4. 43
5	United Kingdom	$4. 24

③

Attention Level

④

Mental Health Patients

BEFORE → AFTER

Virtual Reality Game Treatment

〔 2018年試行調査 〕

問題番号	問 1	問 2
解答欄	1	2
正解	①	④
配点	4	4

Moderator₁ : [1] Thank you for your presentation, Professor Johnson. [2] You spoke about how one boy improved his focus and attention through video games.

Professor Johnson₁ : [1] Right. [2] Playing video games can make people less distracted. [3] Furthermore, virtual reality games have been known to have positive effects on mental health.

Moderator₂ : [1] OK. [2] Now it's time to ask our audience for their comments. [3] Anyone......? [4] Yes, you, sir.

Bill₁ : [1] Hi. [2] I'm Bill. [3] All my friends love video games. [4] But I think they make too clear a distinction between allies and enemies ... you know, us versus them. [5] I'm afraid gaming can contribute to violent crimes. [6] Do you agree?

Professor Johnson₂ : [1] Actually, research suggests otherwise. [2] Many studies have denied the direct link between gaming and violence.

Bill₂ : [1] They have? [2] I'm not convinced.

Professor Johnson₃ : [1] Don't make video games responsible for everything. [2] In fact, as I said, doctors are succeeding in treating patients with mental issues using virtual reality games.

Moderator₃ : [1] Anyone else? [2] Yes, please.

Karen₁ : [1] Hello. [2] Can you hear me? [tapping the microphone] [3] OK. [4] Good. [5] I'm Karen from Detroit. [6] So, how about eSports?

Moderator₄ : [1] What are eSports, Karen?

Karen₂ : [1] They're video game competitions. [2] My cousin made a bunch of money playing eSports in Germany. [3] They're often held in large stadiums ... with spectators and judges ... and big awards, like a real sport. [4] In fact, the Olympics may include eSports as a new event.

Moderator₅ : [1] ... eSports. [2] Professor?

Professor Johnson₄ : [1] Uh-huh. [2] There are even professional leagues, similar to Major League Baseball. [3] Well, eSports businesses are growing; however, eSports players may suffer from health problems.

Moderator₆ : [1] I see. [2] That's something to consider. [3] But right now let's hear from [starts to fade out] another person.

司会₁ : [1] 講演いただきありがとうございました，ジョンソン教授。[2] ある少年がゲームを通じてどのように集中力と注意力を向上させたかについて，お話ししてくださいましたね。

ジョンソン教授₁ : [1] ええ。[2] ゲームをすることで人はより注意散漫になりにくくなる可能性があります。[3] さらに，仮想現実を用いたゲームは，心の健康に良い影響を与えることが知られています。

司会₂ ： ¹ わかりました。² それでは，聴衆の皆さんからご意見を頂戴する時間となりました。³ どなたかいらっしゃいますか…？ ⁴ はい，そちらの方，どうぞ。

ビル₁ ： ¹ こんにちは。² 私はビルといいます。³ 私の友人はみんなゲームが大好きです。⁴ しかし，ゲームは敵味方…つまり私たち対敵の区別をはっきりしすぎると思います。⁵ 私は，ゲームをすることが暴力的な犯罪の一因となり得ることを懸念しています。⁶ これに同意しますか？

ジョンソン教授₂ ： ¹ 実は，研究はそうは示していません。² 多くの研究がゲームをすることと暴力の直接的な関係を否定しています。

ビル₂ ： ¹ そうなのですか？ ² 納得できませんね。

ジョンソン教授₃ ： ¹ すべてをゲームの責任にしてはいけませんよ。² 実際に，私がお話ししたとおり，医者は仮想現実のゲームを使って，精神面での問題を抱えている患者を治療することに成功しています。

司会₃ ： ¹ 他にどなたかいらっしゃいますか？ ² はい，どうぞ。

カレン₁ ： ¹ こんにちは。² 聞こえますか？［マイクを叩きながら］³ よし。⁴ いいですね。⁵ 私は，デトロイトから来た，カレンといいます。⁶ では，e スポーツについてはどうですか？

司会₄ ： ¹ カレンさん，e スポーツとは何ですか？

カレン₂ ： ¹ ゲームの競技のことです。² 私のいとこはドイツで e スポーツをして，たくさんのお金を稼ぎました。³ それらはしばしば大きなスタジアムで開催されます…観客や審判がいて…多額の賞金もあり，本当のスポーツのようです。⁴ 実は，オリンピックは，新たな種目として e スポーツを取り入れるかもしれないんですよ。

司会₅ ： ¹ …e スポーツですか。² 教授どうですか？

ジョンソン教授₄ ： ¹ はいはい。² 野球のメジャーリーグのように，プロのリーグさえあります。³ そうですね，e スポーツビジネスは成長しています。しかし，e スポーツの選手は健康上の問題に苦しむかもしれません。

司会₆ ： ¹ わかりました。² それは考えなければいけないことですね。³ しかし今は，他の方から［フェードアウトし始める］ご意見を伺いましょう。

- -

■ presentation	名 プレゼンテーション	■ distracted	形 気を散らされた
■ furthermore	副 その上	■ distinction	名 区別
■ ally	名 味方	■ enemy	名 敵
■ contribute to	熟 の一因となる	■ otherwise	副 異なって
■ deny	動 を否定する	■ convince	動 を納得させる
■ responsible	形 責任がある	■ treat	動 を治療する
■ tap	動 を軽くたたく	■ microphone	名 マイク
■ a bunch of A	熟 大量の A	■ spectator	名 観客
■ league	名 リーグ	■ suffer from A	熟 A に苦しむ

問 1　☐ 1 ☐　正解 ①

四人のうち，ゲームに反対の立場で意見を述べている人を，四つの選択肢（①～④）のうちから**すべて**選びなさい。

① Bill　　　　　ビル　　　　　② Karen　　　　カレン

③ Moderator　　司会　　　　　④ Professor Johnson　　ジョンソン教授

- -

　ゲームに対して反対の立場をとっている人をすべて選ぶ問題。放送される会話も比較的長く，解答も一つとは限らないため，聞きながらそれぞれの人の立場を整理する必要がある。以下のように，放送文の特徴的な表現をもとに，話している人の立場を把握できると良い。

① ビル：反対
　　ビルの1回目の発言，gaming can contribute to violent crimes「ゲームをすることが暴力的な犯罪の一因となり得る」

② カレン：特に意見は述べていない

③ 司会：特に意見は述べていない

④ ジョンソン教授：賛成
　　ジョンソン教授の1回目の発言，Playing video games can make people less distracted「ゲームをすることで人はより注意散漫になりにくくなる可能性がある」と，virtual reality games have been known to have positive effects on mental health「仮想現実を用いたゲームは，心の健康に良い影響を与えることが知られている」

　以上のことからゲームに反対しているのはビルだけだとわかる。よって正解は①のみである。
　ジョンソン教授は，eスポーツに関しては4回目の発言でeSports players may suffer from health problems「eスポーツの選手は健康上の問題に苦しむかもしれません」と否定的な意見を述べているが，基本的にはゲームに賛成の立場で発言しているので，惑わされないように注意しよう。ちなみに，ジョンソン教授の2回目の発言 research suggests otherwise の "otherwise" は「それとは違うように」という意味で，直前のビルの発言 gaming can contribute to violent crimes「ゲームをすることが暴力的な犯罪の一因となり得る」を受け，研究はそれとは違う内容を示している，ということである。otherwise に続く文では，「違うように」の内容が Many studies have denied the direct link between gaming and violence「多くの研究がゲームをすることと暴力の直接的な関係を否定している」と説明されている。
　カレンは，My cousin made a bunch of money playing eSport「私のいとこは eSport をして，たくさんのお金を稼いだ」と発言しているが，これは単に真実を述べただけである。

問2　2　正解 ④

訳
問題文

Professor Johnson の意見を支持する図を，四つの選択肢（①〜④）のうちから一つ選びなさい。

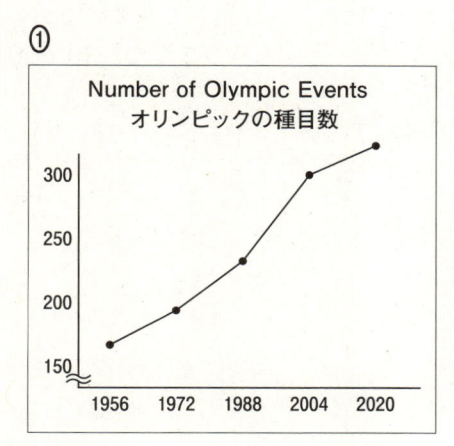

①
Number of Olympic Events
オリンピックの種目数

②
Top 5 Countries Selling Games
ゲーム売上金額上位五ヵ国

Sales in Billions
売上金額（10億単位）

1 China 中国　$32.54
2 United States アメリカ　$25.43
3 Japan 日本　$14.05
4 Germany ドイツ　$4.43
5 United Kingdom イギリス　$4.24

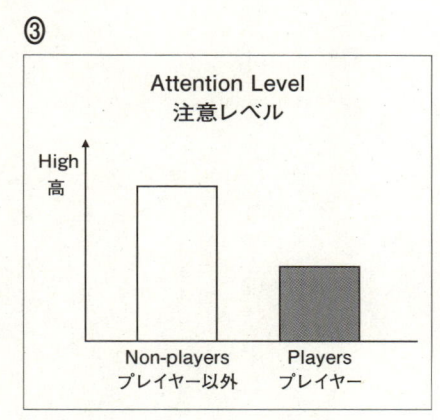

③
Attention Level
注意レベル

High
高

Non-players
プレイヤー以外

Players
プレイヤー

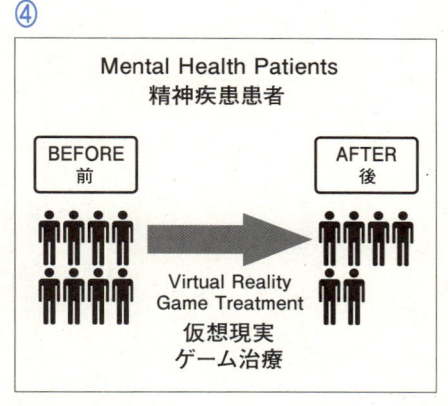

④
Mental Health Patients
精神疾患患者

BEFORE
前

AFTER
後

Virtual Reality
Game Treatment
仮想現実
ゲーム治療

解説

　ジョンソン教授の意見を支持する図を選ぶ問題。ジョンソン教授の立場を把握した上で，その立場をサポートする情報を聞き取ることが求められる。教授がゲームに賛成する理由は以下のとおりである。

１つ目：Playing video games can make people less distracted「ゲームをすることで人はより注意散漫になりにくくなる可能性がある」（１回目の発言）
２つ目：virtual reality games have been known to have positive effects on mental health「仮想現実を用いたゲームは，心の健康に良い影響を与えることが知られている」（１回目の発言）
３つ目：doctors are succeeding in treating patients with mental issues using virtual reality games「医者は仮想現実のゲームを使って，精神面での問題を抱えている患者を治療することに成功している」（３回目の発言）

　④の図は仮想現実ゲーム治療前と後で精神疾患患者の数が減ったことを表している。これは２つ目の理由や３つ目の理由と合致している。したがって正解は④である。

①に関しては，会話中にthe Olympics may include eSports「オリンピックがeスポーツを取り入れるかもしれない」とあるがこれはカレンの発言であり，オリンピックの種目数に関しても述べられていないので不正解。

　②に関しては，各国のゲームの売り上げに関しては述べられていないので不正解。放送文のmade a bunch of money「たくさんのお金を稼ぎました」やGermanyに引っ張られて②を選択しないようにしよう。

　③に関しては，またジョンソン教授は，ゲームをすることで人はより注意散漫になりにくくなる可能性がある，と述べているが，③の図では，ゲームのプレイヤーのAttention Level「注意レベル」がプレイヤーではない人の注意レベルを下回っており，教授の発言内容と逆のことを示している。したがって，③も誤り。

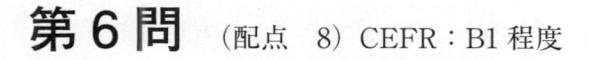
第6問 （配点　8）CEFR：B1 程度

 問1・問2の2問です。英語を聞き，それぞれの問いの答えとして最も適切なものを，選択肢のうちから選びなさい。**1回流します。**

状況

　Professor Smithがホスピタリティ業界（hospitality industry）の現状について講演した後，質疑応答の時間が取られています。司会（moderator）が聴衆からの質問を受け付けています。RosieとDerekが発言します。

問1　四人のうち，ホスピタリティ業界では従業員が酷使されているという考えに異議を唱える可能性が高い人を，四つの選択肢（①〜④）のうちから**すべて選びなさい**。

1

① Moderator

② Professor Smith

③ Rosie

④ Derek

問 2　Professor Smith の意見を支持する図を，四つの選択肢(①～④)のうちから一つ選びなさい。　2

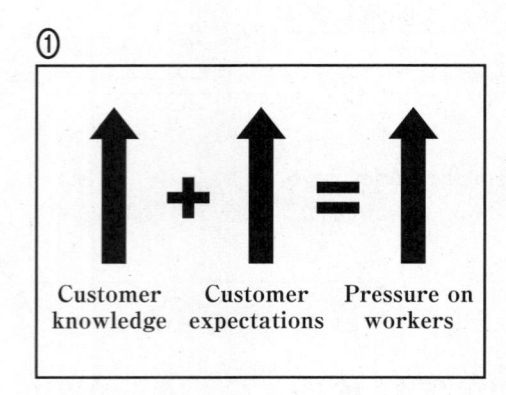

① Customer knowledge + Customer expectations = Pressure on workers

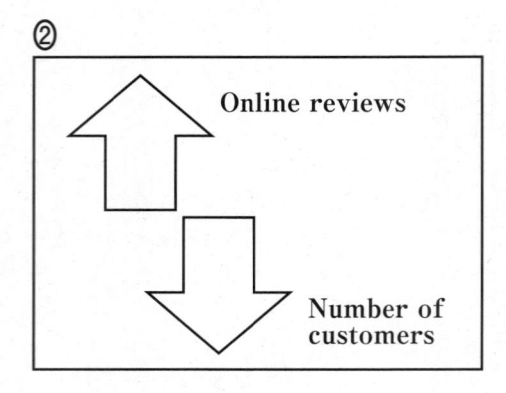

② Online reviews / Number of customers

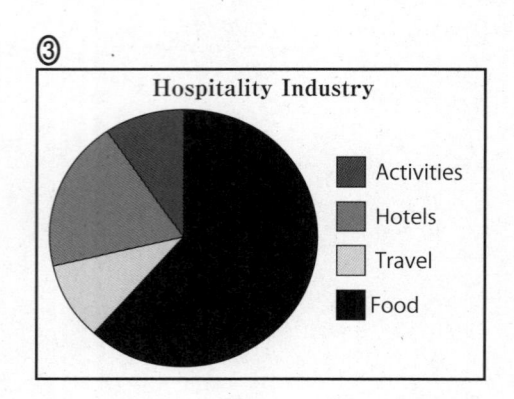

③ Hospitality Industry
- Activities
- Hotels
- Travel
- Food

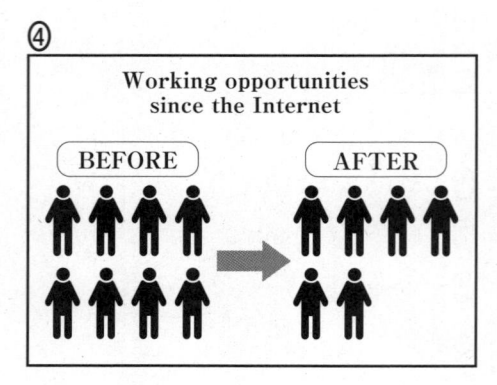

④ Working opportunities since the Internet
BEFORE　AFTER

〔 オリジナル問題 〕

188

問題番号	問 1	問 2
解答欄	1	2
正解	④	①
配点	4	4

放送文

Moderator1	: [1] Professor Smith, thank you for your presentation on the problems facing the hospitality industry.
Professor Smith1	: [1] You're welcome. [2] It's important for people to know that workers in hotels, restaurants, and other hospitality businesses don't have an easy job.
Moderator2	: [1] Well, let's see what our audience has to say. [2] Yes.
Rosie1	: [1] Hi, my name's Rosie, and I'm studying hospitality at university. [2] I intend to work for a hotel when I graduate. [3] After hearing you speak, I'm concerned about my career. [4] Can you give me some advice?
Professor Smith2	: [1] Absolutely. [2] Well, I understand that you have chosen a very competitive career. [3] Customers are more informed than ever, and they want only the best. [4] Did you know that 51% of tourists in the US spend seven days researching their holidays before booking?
Rosie2	: [1] So, why is that a problem?
Professor Smith3	: [1] Well, it means customers expect a lot for their money. [2] 97% of young customers will post pictures of their holiday on social media. [3] In other words, you can't make any mistakes. [4] One bad review can end a business. [5] As such, company managers demand a lot from their workers, perhaps too much.
Moderator3	: [1] That does sound stressful. [2] Any other comments? [3] Yes.
Derek1	: [1] Hi. My name is Derek, and I manage a tour company. [2] Why do you think hospitality employers put pressure on their employees? [3] My employees never complain about their work.
Professor Smith4	: [1] The hospitality industry makes up 10.2% of the world economy. [2] With so much money and competition, why would your workers risk losing their job?
Derek2	: [1] I don't know.
Professor Smith5	: [1] Tell me — Is it difficult for you to find new workers?
Derek3	: [1] No. [2] It's very easy.
Professor Smith6	: [1] Exactly. [2] Your workers know that they can be replaced at any moment. [3] It's up to you, as a company manager, to be fair to them.
Moderator4	: [1] Right. [2] Let's hear from [starts to fade out] someone else.

司会₁ ： ¹ スミス教授，ホスピタリティ業界が直面する問題についてのプレゼンテーション，ありがとうございます。

スミス教授₁ ： ¹ どういたしまして。² ホテル，レストランまたその他のホスピタリティ企業の従業員の仕事は簡単ではないということを皆さんに知ってもらうことが重要です。

司会₂ ： ¹ それでは，会場の皆さんのご意見を伺ってみましょう。² はい。

ロージー₁ ： ¹ こんにちは，ロージーです，大学でホスピタリティを学んでいます。² 卒業したらホテルで働くつもりです。³ 教授の講演を聞き，私のキャリアについて心配しています。⁴ いくつかアドバイスをいただけますか？

スミス教授₂ ： ¹ もちろんです。² ええと，あなたはとても競争の激しい職業を選んだと思います。³ 顧客はこれまで以上に情報に通じており，一番良いものだけを望みます。⁴ アメリカ合衆国の旅行者の 51% は予約する前に休暇のリサーチに 7 日間かけるというのを知っていましたか？

ロージー₂ ： ¹ つまり，それがなぜ問題なのですか？

スミス教授₃ ： ¹ ええと，顧客は支払いの見返りに多くを期待するということです。² 若年層の顧客の 97% はソーシャルメディアに休暇の写真を投稿します。³ 言い換えれば，どんなミスもできないのです。⁴ 一つの悪評が営業を終わらせることにもなりかねません。⁵ このため，企業の経営者は多くのことを従業員に要求します，恐らく過剰なほどに。

司会₃ ： ¹ それはストレスが多そうですね。² 他に意見はありますか？ ³ はい。

デレク₁ ： ¹ こんにちは，デレクです，私はツアー会社を経営しています。² 教授はなぜホスピタリティ業界の雇用者は従業員にプレッシャーをかけているとお考えですか？ ³ 私の従業員は自身の仕事について不満を言うことは決してありません。

スミス教授₄ ： ¹ ホスピタリティ業界は世界経済の 10.2% を占めます。² 莫大な金額と激しい競争がある中で，どうしてあなたの従業員は仕事を失うかもしれないリスクを冒しますか？

デレク₂ ： ¹ わかりません。

スミス教授₅ ： ¹ 教えてください ― 新しい従業員を見つけるのはあなたにとって難しいことですか？

デレク₃ ： ¹ いいえ。² とても簡単です。

スミス教授₆ ： ¹ そのとおりです。² あなたの従業員はいつ他の従業員と置き換えられてもおかしくないことをわかっているのです。³ 彼らに公平であるかどうかは，会社経営者としてのあなた次第です。

司会₄ ： ¹ そうですね。² ［音が次第に小さくなり始める］他の方からも聞いてみましょう。

■ presentation	名 プレゼンテーション		
■ hospitality industry	複 ホスピタリティ業界		
■ intend to do	熟 ～するつもりである		
■ career	名 キャリア，職業	■ Absolutely.	副 もちろん。
■ competitive	形 競争の激しい		
■ informed	形 情報に通じた	■ booking	名 予約
■ in other words	熟 言い換えると	■ as such	熟 このため
■ make mistakes	熟 ミスをする		
■ demand	動 を要求する	■ make up	熟 ～を占める

190

問1　1　正解 ④

訳
問題文

四人のうち，ホスピタリティ業界では従業員が酷使されているという考えに異議を唱える可能性が高い人を，四つの選択肢（①〜④）のうちから**すべて**選びなさい。
① Moderator　　　　　　　　司会
② Professor Smith　　　　　スミス教授
③ Rosie　　　　　　　　　　ロージー
④ Derek　　　　　　　　　　デレク

解説

　それぞれの人の立場を整理しながら聞くことがポイント。特に，それぞれの人の意見を表す特徴的な単語や表現を聞き取るようにしよう。

---

① 司会

Moderator「司会者」は基本的には中立の立場を守り，参加者の発言を促すだけで，ホスピタリティ業界では従業員が酷使されているという考えに対し自分の意見は述べていない。

② スミス教授：賛成

スミス教授に関しては1回目の発言でworkers in hotels, restaurants, and other hospitality businesses don't have an easy job「ホテル，レストランまたその他のホスピタリティ企業の従業員の仕事は簡単ではない」と述べておりホスピタリティ業界は大変であるという認識である。さらに，3回目の発言でcompany managers demand a lot from their workers, perhaps too much「企業の経営者は多くのことを従業員に要求します，恐らく過剰なほどに」と述べている。これらから，彼はホスピタリティ業界では従業員が酷使されているという考えに賛成であると考えられる。

③ ロージー：賛成

次にロージーに関しては，1回目の発言で，I intend to work for a hotel when I graduate「卒業したらホテルで働くつもりです」，と述べた後にAfter hearing you speak, I'm concerned about my career「教授の講演を聞き，私のキャリアについて心配しています」と述べていることから，教授のホスピタリティ業界は大変だという話を聞いて，心配していると考えられる。したがって，ロージーもホスピタリティ業界では従業員が酷使されているという考えに異議を唱える可能性が低い。

④ デレク：反対

またデレクについては1回目の発言で，Why do you think hospitality employers put pressure on their employees?「教授はなぜホスピタリティ業界の雇用者は従業員にプレッシャーをかけているとお考えですか？」，My employees never complain about their work「私の従業員は自身の仕事について不満を言うことは決してありません」と述べている。ここから，教授の意見には反対，すなわち，ホスピタリティ業界では従業員が酷使されているという考えに異議を唱える可能性が高いということになる。

　このことから，ホスピタリティ業界では従業員が酷使されているという考えに異議を唱える可能性が高い人は④Derekのみだとわかる。

第
3
回

第
6
問
Ｂ

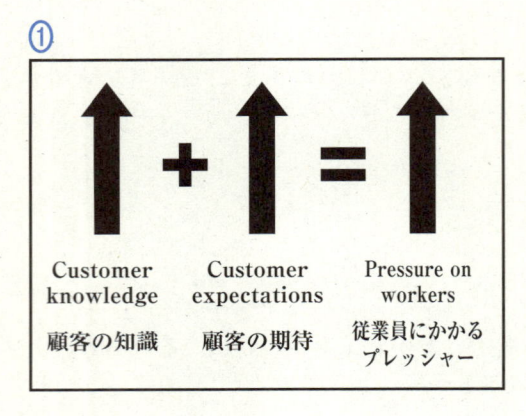

① Customer knowledge
顧客の知識

Customer expectations
顧客の期待

Pressure on workers
従業員にかかるプレッシャー

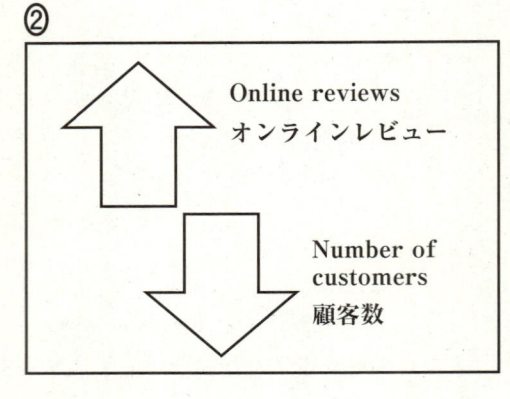

② Online reviews
オンラインレビュー

Number of customers
顧客数

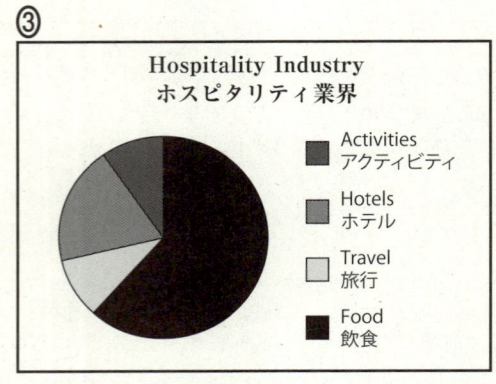

③ Hospitality Industry
ホスピタリティ業界

Activities
アクティビティ

Hotels
ホテル

Travel
旅行

Food
飲食

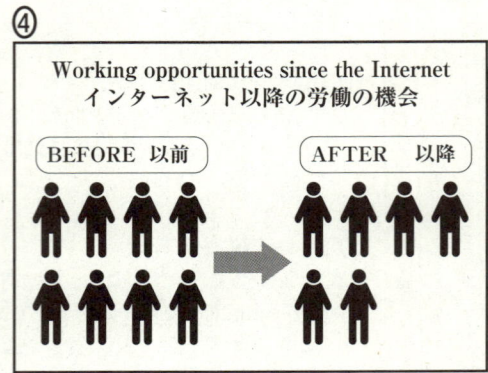

④ Working opportunities since the Internet
インターネット以降の労働の機会

BEFORE 以前

AFTER 以降

問2 ⟨ 2 ⟩ **正解 ①**

Professor Smith の意見を支持する図を，四つの選択肢（①〜④）のうちから一つ選びなさい。

　スミス教授の意見を支持する図を選ぶ問題。スミス教授の立場を把握した上で，その立場をサポートする情報を聞き取ることが求められる。教授は先ほど確認したように，ホスピタリティ企業の経営者が従業員を酷使していると主張しているが，なぜそのように主張しているかを聞き取ることが大切である。

　教授の2回目の発言，Customers are more informed than ever「顧客1はこれまで以上に情報に通じており」や，51% of tourists in the US spend seven days researching their holidays before booking「アメリカ合衆国の旅行者の51%は予約する前に休暇のリサーチに7日間かける」から，Customer knowledge「顧客の知識」が高まっているとわかる。
　また3回目の発言，customers expect a lot for their money「顧客は支払いの見返りに多くを期待する」から，Customer expectations「顧客の期待」も高まっているとわかる。

　その結果として，教授は3回目の発言でさらにyou can't make any mistakes「ど

んなミスもできないのです」，One bad review can end a business「一つの悪評が営業を終わらせることにもなりかねない」，company managers demand a lot from their workers「企業の経営者は多くのことを従業員に要求します」と述べており，これらからPressure on workers「従業員にかかるプレッシャー」も高まっているとわかる。

　したがって，顧客の知識と，期待値の高まりが従業員のプレッシャーの高まりにつながっていると示している①が正解である。

　②の図に関しては，教授の3回目の発言でOne bad review can end a business「一つの悪評が営業を終わらせることにもなりかねない」と良くないレビューが業界に与える悪い影響について説明されているが，図にあるようにオンラインレビューが増えると顧客の数が減るというような説明はない。

　③の図はホスピタリティ業界の中の様々な業種の割合を表しているが，会話文の中にはそのような話は出てこないため，不適切。

　④に関しては，教授の4回目の発言でThe hospitality industry makes up 10.2% of the world economy「ホスピタリティ業界は世界経済の10.2%を占めます」とこの業界の大きさを強調しているが，図のようにインターネットが出現してからホスピタリティ業界の労働の機会が減ったことは述べられていない。

解答用紙

Part1			第1問 A	配点
第1回（p12-16）	問1	1	①②③④	3
	問2	2	①②③④	3
	問3	3	①②③④	3
	問4	4	①②③④	3
	問5	5	①②③④	3
第2回（p17-20）	問1	1	①②③④	3
	問2	2	①②③④	3
	問3	3	①②③④	3
	問4	4	①②③④	3
第3回（p21-24）	問1	1	①②③④	3
	問2	2	①②③④	3
	問3	3	①②③④	3
	問4	4	①②③④	3

Part2			第1問 B	配点
第1回（p26-31）	問1	1	①②③④	3
	問2	2	①②③④	3
	問3	3	①②③④	3
	問4	4	①②③④	3
第2回（p32-35）	問1	1	①②③④	4
	問2	2	①②③④	4
	問3	3	①②③④	4
第3回（p36-39）	問1	1	①②③④	4
	問2	2	①②③④	4
	問3	3	①②③④	4

Part3			第2問	配点
第1回（p42-49）	問1	1	①②③④	3
	問2	2	①②③④	3
	問3	3	①②③④	3
	問4	4	①②③④	3
	問5	5	①②③④	3
第2回（p50-57）	問1	1	①②③④	3
	問2	2	①②③④	3
	問3	3	①②③④	3
	問4	4	①②③④	3
第3回（p58-65）	問1	1	①②③④	3
	問2	2	①②③④	3
	問3	3	①②③④	3
	問4	4	①②③④	3

Part4			第3問	配点
第1回 （p68-73）	問1	1	①②③④	3
	問2	2	①②③④	3
	問3	3	①②③④	3
	問4	4	①②③④	3
	問5	5	①②③④	3
第2回 （p74-79）	問1	1	①②③④	4
	問2	2	①②③④	4
	問3	3	①②③④	4
	問4	4	①②③④	4
第3回 （p80-85）	問1	1	①②③④	4
	問2	2	①②③④	4
	問3	3	①②③④	4
	問4	4	①②③④	4

Part5			第4問 A	配点
第1回 （p88-93）	問1	A	①②③④	4*
		B	①②③④	
		C	①②③④	
		D	①②③④	
	問2	A	①②③④	1
		B	①②③④	1
		C	①②③④	1
		D	①②③④	1
第2回 （p94-99）	問1	1	①②③④	4*
		2	①②③④	
		3	①②③④	
		4	①②③④	
	問2	5	①②③④⑤	1
		6	①②③④⑤	1
		7	①②③④⑤	1
		8	①②③④⑤	1
第3回 （p100-105）	問1	1	①②③④	4*
		2	①②③④	
		3	①②③④	
		4	①②③④	
	問2	5	①②③④⑤	1
		6	①②③④⑤	1
		7	①②③④⑤	1
		8	①②③④⑤	1

Part6			第4問 B	配点
第1回 （p108-113）	問1	1	①②③④	3
第2回 （p114-119）	問1	1	①②③④	4
第3回 （p120-124）	問1	1	①②③④	4

Part7			第5問	配点
第1回 （p126-136）	問1	1	① ② ③ ④	4
	問2	A	① ② ③ ④ ⑤	4*
		B	① ② ③ ④ ⑤	
		C	① ② ③ ④ ⑤	
		X	① ② ③ ④ ⑤	
		Y	① ② ③ ④ ⑤	
		Z	① ② ③ ④ ⑤	
	問3	3	① ② ③ ④	4
	問4	4	① ② ③ ④	4
第2回 （p137-145）	問1 （a）	1	① ② ③ ④ ⑤ ⑥	4
	問1 （b）	2	① ② ③ ④	4*
		3	① ② ③ ④	
		4	① ② ③ ④	
		5	① ② ③ ④	4*
		6	① ② ③ ④	
		7	① ② ③ ④	
	問1 （c）	8	① ② ③ ④	4
	問2	9	① ② ③ ④	4
第3回 （p146-157）	問1 （a）	1	① ② ③ ④ ⑤ ⑥	4
	問1 （b）	2	① ② ③ ④	4*
		3	① ② ③ ④	
		4	① ② ③ ④	
		5	① ② ③ ④	4*
		6	① ② ③ ④	
		7	① ② ③ ④	
	問1 （c）	8	① ② ③ ④	4
	問2	9	① ② ③ ④	4

Part8			第6問 A	配点
第1回 （p160-163）	問1	1	① ② ③ ④	4
	問2	2	① ② ③ ④	4
第2回 （p164-167）	問1	1	① ② ③ ④	4
	問2	2	① ② ③ ④	4
第3回 （p168-172）	問1	1	① ② ③ ④	4
	問2	2	① ② ③ ④	4

Part9			第6問 B	配点
第1回 （p174-179）	問1	1	① ② ③ ④	4
	問2	2	① ② ③ ④	4
第2回 （p180-186）	問1	1	① ② ③ ④	4
	問2	2	① ② ③ ④	4
第3回 （p187-193）	問1	1	① ② ③ ④	4
	問2	2	① ② ③ ④	4

リスニング音声の再生方法

本書でのリスニング音声の再生方法は，2通りのやり方があります。

①音声データのダウンロード

本書の音声ファイルは，東進WEB書店（http://www.toshin.com/books）の本書のページから，下記のパスワードを入力してログインすることで，無料でダウンロード（スマホからの場合はストリーミング）できます。

パスワード KTdrill_Listening2020

② QR コードでストリーミング再生

本書の問題ページのそれぞれ1ページ目に，QRコードが印刷されています。そのQRコードをスマホやタブレットのQRコードリーダーで読み取ることで，WEBブラウザを通じて音声を再生することができます。

いずれも，ストリーミングやダウンロードは無料ですが，別途パケット通信料がかかります。お手持ちの機器でご確認ください。

音声再生方法

下記QRコードまたはURL にアクセスし，パスワードを入力してください。

http://www.toshin.com/books

Password: KTdrill_Listening2020

▶音声ストリーミング

スマートフォンやタブレットに対応。ストリーミング再生はパケット通信料がかかります。

▶ダウンロード

パソコンよりダウンロードしてください。スマートフォンやタブレットでのダウンロードはサポートしておりません。

【共通テスト】英語〔リスニング〕ドリル

発行日　　　　　　：2020 年 10 月 31 日初版発行

著者　　　　　　　：武藤一也
発行者　　　　　　：永瀬昭幸
編集担当　　　　　：柏木恵未
発行所　　　　　　：株式会社ナガセ
　　　　　　　　　　〒 180-0003　東京都武蔵野市吉祥寺南町 1-29-2 出版事業部（東進ブックス）
　　　　　　　　　　TEL：0422-70-7456 ／ FAX：0422-70-7457
　　　　　　　　　　http://www.toshin.com/books/（東進 WEB 書店）
　　　　　　　　　　（本書を含む東進ブックスの最新情報は，東進 WEB 書店をご覧ください。）

装丁　　　　　　　：山口デザイン室
本文デザイン・DTP：株式会社デジカル

印刷・製本　　　　：中央精版印刷株式会社
編集協力　　　　　：山鹿愛子，佐藤春花，佐廣美有，戸田彩織，福島はる奈，山下芽久
音声収録　　　　　：一般財団法人　英語教育協議会（ELEC）
音声出演　　　　　：Emma Howard, Guy Perryman, Jennifer Okano, Neil DeMaere,
　　　　　　　　　　水月優希

全国屈指の実力講師陣

東進の実力講師陣
数多くのベストセラー参考書を執筆!!

東進ハイスクール・東進衛星予備校では、そうそうたる講師陣が君を熱く指導する!

本気で実力をつけたいと思うなら、やはり根本から理解させてくれる一流講師の授業を受けることが大切です。東進の講師は、日本全国から選りすぐられた大学受験のプロフェッショナル。何万人もの受験生を志望校合格へ導いてきたエキスパート達です。

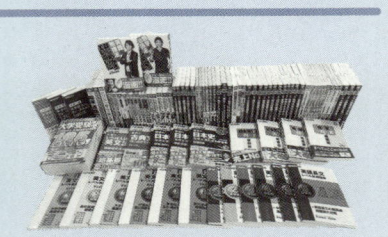

英語

日本を代表する英語の伝道師。ベストセラーも多数。

安河内 哲也 先生
[英語]

予備校界のカリスマ。抱腹絶倒の名講義を見逃すな。

今井 宏 先生
[英語]

「スーパー速読法」で難解な長文問題の速読即解を可能にする「予備校界の達人」!

渡辺 勝彦 先生
[英語]

雑誌『TIME』やベストセラーの翻訳も手掛け、英語界でその名を馳せる実力講師。

宮崎 尊 先生
[英語]

情熱あふれる授業で、知らず知らずのうちに英語が得意教科に!

大岩 秀樹 先生
[英語]

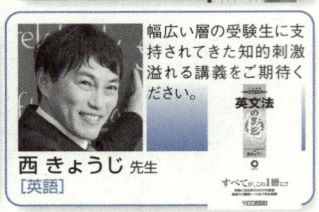

幅広い層の受験生に支持されてきた知的刺激溢れる講義をご期待ください。

西 きょうじ 先生
[英語]

数学

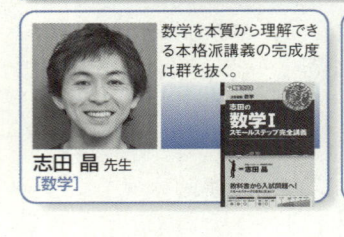

数学を本質から理解できる本格派講義の完成度は群を抜く。

志田 晶 先生
[数学]

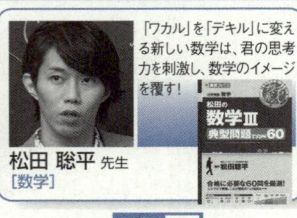

「ワカル」を「デキル」に変える新しい数学は、君の思考力を刺激し、数学のイメージを覆す!

松田 聡平 先生
[数学]

WEBで体験

国語

東大・難関大志望者から絶大なる信頼を得る本質の指導を追究。
栗原 隆 先生 [古文]

ビジュアル解説で古文を簡単明快に解き明かす実力講師。
富井 健二 先生 [古文]

縦横無尽な知識に裏打ちされた立体的な授業に、グングン引き込まれる！
三羽 邦美 先生 [古文・漢文]

幅広い教養と明解な具体例を駆使した緩急自在の講義。漢文が身近になる！
寺師 貴憲 先生 [漢文]

小論文指導の第一人者。著書『頭がいい人、悪い人の話し方』は250万部突破。
樋口 裕一 先生 [小論文]

文章で自分を表現できれば、受験も人生も成功できますよ。「笑顔と努力」で合格を！
石関 直子 先生 [小論文]

理科

丁寧で色彩豊かな板書と詳しい講義で生徒を惹きつける。
宮内 舞子 先生 [物理]

化学現象の基本を疑い化学全体を見通す"伝説の講義"
鎌田 真彰 先生 [化学]

全国の受験生が絶賛するその授業は、わかりやすさそのもの！
田部 眞哉 先生 [生物]

地歴公民

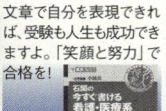
入試頻出事項に的を絞った「表解板書」は圧倒的な信頼を得る。
金谷 俊一郎 先生 [日本史]

つねに生徒と同じ目線に立って、入試問題に対する的確な思考法を教えてくれる。
井之上 勇 先生 [日本史]

"受験世界史に荒巻あり"といわれる超実力人気講師。
荒巻 豊志 先生 [世界史]

世界史を「暗記」科目だなんて言わせない。正しく理解すれば必ず伸びることを一緒に体感しよう。
加藤 和樹 先生 [世界史]

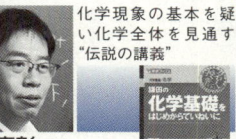
わかりやすい図解と統計の説明に定評。
山岡 信幸 先生 [地理]

政治と経済のメカニズムを論理的に解明しながら、入試頻出ポイントを明確に示す。
清水 雅博 先生 [公民]

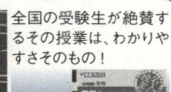

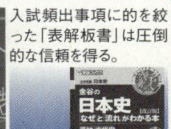

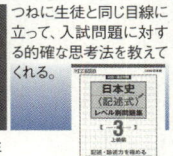

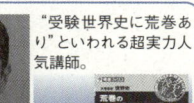

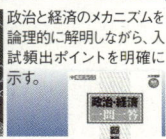

合格の秘訣❷ 革新的な学習システム

東進には、第一志望合格に必要なすべての要素を満たし、抜群の合格実績を生み出す学習システムがあります。

映像による授業を駆使した最先端の勉強法
高速学習

一人ひとりの
レベル・目標にぴったりの授業

東進はすべての授業を映像化しています。その数およそ1万種類。これらの授業を個別に受講できるので、一人ひとりのレベル・目標に合った学習が可能です。1.5倍速受講ができるほか自宅のパソコンからも受講できるので、今までにない効率的な学習が実現します。

1年分の授業を
最短2週間から1カ月で受講

従来の予備校は、毎週1回の授業。一方、東進の高速学習なら毎日受講することができます。だから、1年分の授業も最短2週間から1カ月程度で修了可能。先取り学習や苦手科目の克服、勉強と部活との両立も実現できます。

現役合格者の声

東京大学 理科一類
大竹 隆翔くん
東京都 私立 海城高校卒

東進の授業は映像なので、自分で必要と感じた科目を選んで、自分のスケジュールに合わせて授業が受けられます。部活や学校のない時に集中的に授業を進めることができ、主体的に勉強に向き合うことができました。

先取りカリキュラム（数学の例）

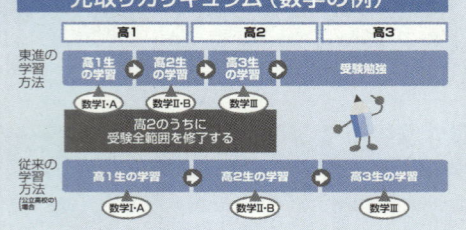

目標まで一歩ずつ確実に
スモールステップ・
パーフェクトマスター

高校入門から超東大までの12段階から自分に合ったレベルを選ぶことが可能です。「簡単すぎる」「難しすぎる」といったことがなく、志望校へ最短距離で進みます。
授業後すぐに確認テストを行い内容が身についたかを確認し、合格したら次の授業に進むので、わからない部分を残すことはありません。短期集中で徹底理解をくり返し、学力を高めます。

自分にぴったりのレベルから学べる
習ったことを確実に身につける

現役合格者の声

早稲田大学 文化構想学部
加畑 恵さん
石川県立 金沢二水高校卒

高1の春休みに、東進に入学しました。東進の授業の後には必ず「確認テスト」があります。その場ですぐに授業の理解を確認することができました。憧れの大学に入ることができて本当に嬉しいです。

パーフェクトマスターのしくみ

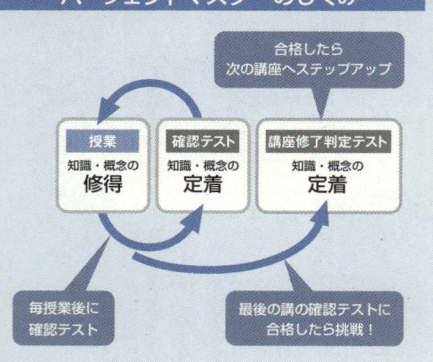

徹底的に学力の土台を固める

高速マスター基礎力養成講座

高速マスター基礎力養成講座は「知識」と「トレーニング」の両面から、効率的に短期間で基礎学力を徹底的に身につけるための講座です。文法事項や重要事項を単元別・分野別にひとつずつ完成させていくことができます。インターネットを介してオンラインで利用できるため、校舎だけでなく、自宅のパソコンやスマートフォンアプリで学習することも可能です。

現役合格者の声

慶應義塾大学 理工学部
畔上 亮真くん
神奈川県立 横浜翠嵐高校卒

おススメは「高速マスター基礎力養成講座」です。通学やちょっとした移動時間でもスマホで英単語などを勉強でき、スキマ時間を活用する習慣をつけられました。大学では自分の夢の基盤となることを学びたいです。

東進公式スマートフォンアプリ

スマートフォンアプリでスキ間時間も徹底活用！

■東進式マスター登場！
（英単語／英熟語／英文法／基本例文）

１）スモールステップ・パーフェクトマスター！
頻出度（重要度）の高い英単語から始め、1つのSTEP（計100語）を完全修得すると次のSTAGEに進めるようになります。

２）自分の英単語力が一目でわかる！
トップ画面に「修得語数・修得率」をメーター表示。自分が今何語修得しているのか、どこを優先的に学習すべきなのか一目でわかります。

３）「覚えていない単語」だけを集中攻略できる！
未修得の単語、または「My単語（自分でチェック登録した単語）」だけをテストする出題設定が可能です。すでに覚えている単語を何度も学習するような無駄を省き、効率良く単語力を高めることができます。

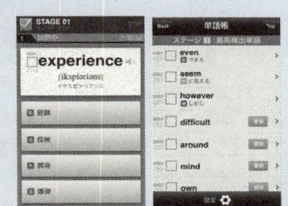

「共通テスト対応英単語1800」2018年共通テスト試行調査カバー率99.4%

君の合格力を徹底的に高める

志望校対策

第一志望校突破のために、志望校対策にどこよりもこだわり、合格力を徹底的に極める質・量ともに抜群の学習システムを提供します。従来からの「過去問演習講座」に加え、AIを活用した「志望校別単元ジャンル演習講座」が開講。東進が持つ大学受験に関するビッグデータをもとに、個別対応の演習プログラムを実現しました。限られた時間の中で、君の得点力を最大化します。

現役合格者の声

山形大学 医学部医学科
平間 三結さん
宮城県仙台二華高校卒

受験前の「過去問演習講座」では10年分の過去問演習の結果が記録でき、また「志望校別単元ジャンル演習講座」ではAIが分析した自分の弱点を重点的に学習できるので、とても役立ちました。

大学受験に必須の演習

■過去問演習講座

1. 最大10年分の徹底演習
2. 厳正な採点、添削指導
3. 5日以内のスピード返却
4. 再添削指導で着実に得点力強化
5. 実力講師陣による解説授業

東進×AIでかつてない志望校対策

■志望校別単元ジャンル演習講座

過去問演習講座の実施状況や、東進模試の結果など、東進で活用したすべての学習履歴をAIが総合的に分析。学習の優先順位をつけ、志望校別に「必勝必達演習セット」として十分な演習問題を提供します。問題は東進が分析した、大学入試問題の膨大なデータベースから提供されます。苦手を克服し、一人ひとりに適切な志望校対策を実現する日本初の学習システムです。

志望校合格に向けた最後の切り札

■第一志望校対策演習講座

第一志望校の総合演習に特化し、大学が求める解答力を身につけていきます。対応大学は校舎にお問い合わせください。

合格の秘訣③ 東進ドットコム

大学受験のポータルサイト
ここでしか見られない受験と教育の情報が満載！
www.toshin.com

東進 　　　🔍 検索

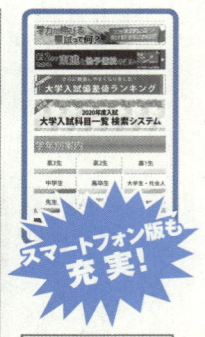

スマートフォン版も充実！

最新の入試に対応!!
大学案内

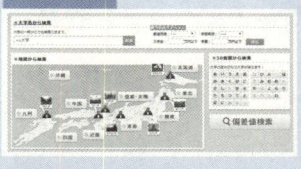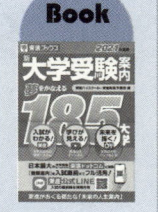

大学入試偏差値ランキング

偏差値でも検索できる。
検索機能充実!

東進ドットコムの「大学案内」では最新の入試に対応した情報を様々な角度から検索できます。学生の声、入試問題分析、大学校歌など、他では見られない情報が満載！登録は無料です。

また、東進ブックスの『新大学受験案内』では、厳選した185大学を詳しく解説。大学案内とあわせて活用してください。

185大学・最大25年分超の過去問を無料で閲覧
大学入試過去問 データベース

君が目指す大学の過去問を
すばやく検索、じっくり研究!

東進ドットコムの「大学入試問題 過去問データベース」は、志望校の過去問をすばやく検索し、じっくり研究することが可能。185大学の過去問を閲覧することができます。センター試験の過去問も最大25年分超掲載しています。登録・利用は無料です。志望校対策の「最強の教材」である過去問をフル活用することができます。

大学・学部選びの情報サイト
東進TV

憧れの大学の有名サークルに密着 ▶

最新の大学情報や
入試情報を毎週アップ!

東進TVでは、憧れの大学や大学入試に関する耳寄り情報を学生リポーターが徹底取材！名物教授やキャンパス、サークル紹介など気になる動画をチェック！受験勉強に関する東進の実力講師からのアドバイスも必見です。

◀ 東進実力講師陣が
贈るメッセージ

◀ 行きたくても行けなかった
あの大学のオープンキャンパスを
チェック

  **東進模試**

申込受付中
※お問い合わせ先は付録9ページをご覧ください。

学力を伸ばす模試

「自分の学力を知ること」が
受験勉強の第一歩

■「絶対評価」×「相対評価」の ハイブリッド分析
志望校合格までの距離に加え、
「受験者集団における順位」および
「志望校合否判定」を知ることができます。

■ 単元・ジャンル別の学力分析
対策すべき単元・ジャンルを一覧で明示。
学習の優先順位がつけられます。

■ 中5日で成績表返却
WEBでは最短中3日で成績を確認できます。
※マーク型の模試のみ

■ 合格指導解説授業
模試受験後に合格指導解説授業を実施。
重要ポイントが手に取るようにわかります。

東進模試 ラインアップ　[2020年度]

模試	対象	回数
共通テスト本番レベル模試	受験生 高2生 高1生 ※高1は難関大志望者	年4回
高校レベル記述模試	高2生 高1生	年2回
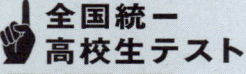 全国統一 高校生テスト ●問題は学年別	高3生 高2生 高1生	年2回
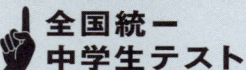 全国統一 中学生テスト ●問題は学年別	中3生 中2生 中1生	年2回
東大本番レベル模試	受験生	年4回
京大本番レベル模試	受験生	年4回
北大本番レベル模試	受験生	年2回

（東大・京大・北大本番レベル模試は「共通テスト本番レベル模試との総合評価※」）

模試	対象	回数
東北大本番レベル模試	受験生	年2回
名大本番レベル模試	受験生	年3回
阪大本番レベル模試	受験生	年3回
九大本番レベル模試	受験生	年3回
東工大本番レベル模試	受験生	年2回
一橋大本番レベル模試	受験生	年2回
千葉大本番レベル模試	受験生	年1回
神戸大本番レベル模試	受験生	年1回
広島大本番レベル模試	受験生	年1回
早慶上理・難関国公立大模試	受験生	年4回
全国有名国公私大模試	受験生	年4回

（上記は「共通テスト本番レベル模試との総合評価※」）

模試	対象	回数
大学合格基礎力判定テスト	受験生 高2生 高1生	年4回
共通テスト同日体験受験	高2生 高1生	年1回
東大入試同日体験受験	高2生 高1生 ※高1は意欲ある東大志望者	年1回
東北大入試同日体験受験	高2生 高1生 ※高1は意欲ある東北大志望者	年1回
名大入試同日体験受験	高2生 高1生 ※高1は意欲ある名大志望者	年1回
全国統一医学部テスト	受験生	年2回

※最終回が共通テスト後の受験となる模試は、共通テスト自己採点との総合評価となります。
※2020年度に実施予定の模試は、今後の状況により変更する場合があります。最新の情報はホームページでご確認ください。

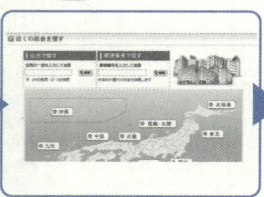

※2020年4月現在